新 概 念 阅 读 书 坊

YINGXIANGSHIJIE

影 响 世 界 的

MD

MINGRENCHENGGONGGUSHI

名人成功故事

主编◎崔钟雷

XINGAINIANYUEDUSHUFANG

吉林美术出版社

图书在版编目（CIP）数据

影响世界的名人成功故事 / 崔钟雷主编 . —长春：吉林美术出版社，2011. 2（2023. 6 重印）
（新概念阅读书坊）
ISBN 978-7-5386-5231-4

Ⅰ . ①影… Ⅱ . ①崔… Ⅲ . ①名人 - 生平事迹 - 世界 - 青少年读物Ⅳ . ① K811-49

中国版本图书馆 CIP 数据核字（2011）第 015254 号

影响世界的名人成功故事

YINGXIANG SHIJIE DE MINGREN CHENGGONG GUSHI

出版人 华 鹏
策 划 钟 雷
主 编 崔钟雷
副主编 刘志远 芦 岩 杨 楠
责任编辑 栾 云
开 本 700mm × 1000mm 1/16
印 张 10
字 数 120 千字
版 次 2011 年 2 月第 1 版
印 次 2023 年 6 月第 4 次印刷
出版发行 吉林美术出版社
地 址 长春市净月开发区福祉大路 5788 号
邮编：130118
网 址 www. jlmspress. com
印 刷 北京一鑫印务有限责任公司
书 号 ISBN 978-7-5386-5231-4
定 价 39. 80 元

前言

书，是那寒冷冬日里一缕温暖的阳光；书，是那炎热夏日里一缕凉爽的清风；书，又是那醇美的香茗，令人回味无穷；书，还是那神圣的阶梯，引领人们不断攀登知识之巅；读一本好书，犹如畅饮琼浆玉露，沁人心脾；又如倾听天籁，余音绕梁。

从生机盎然的动植物王国到浩瀚广阔的宇宙空间；从人类古文明的起源探究到21世纪科技腾飞的信息化时代，人类五千年的发展历程积淀了宝贵的文化精粹。青少年是祖国的未来与希望，也是最需要接受全面的知识培养和熏陶的群体。“新概念阅读书坊”系列丛书本着这样的理念带领你一步步踏上那求知的阶梯，打开知识宝库的大门，去领略那五彩缤纷、气象万千的知识世界。

本丛书吸收了前人的成果，集百家之长于一身，是真正针对中国少年儿童的阅读习惯和认知规律而编著的科普类书籍。全面的内容、科学的体例、精美的制作，上千幅精美的图片为中国少年儿童打造出一所没有围墙的校园。

编　者

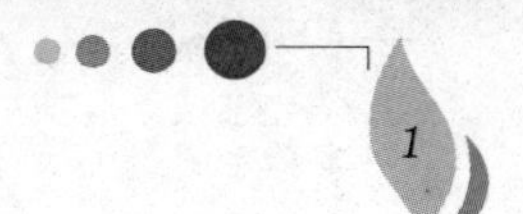

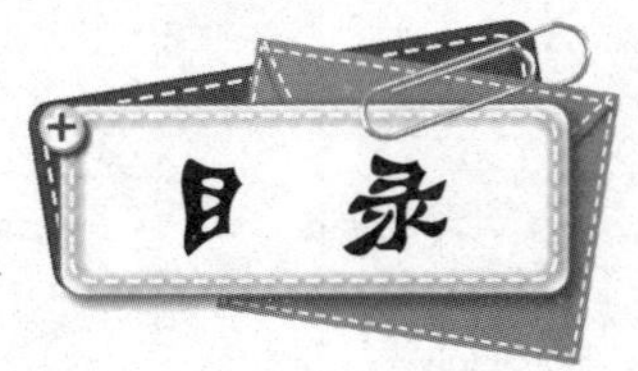

目录

文学泰斗

艺术名流

政治军事巨擘

民族英雄

MIN ZU YING XIONG

岳 飞

怒发冲冠，凭栏处，潇潇雨歇。抬望眼，仰天长啸，壮怀激烈。三十功名尘与土，八千里路云和月。莫等闲，白了少年头，空悲切。

——《满江红·怒发冲冠》

岳飞是南宋时期一位著名的抗金名将。他精忠报国，抗击当时的外族入侵；创立了纪律严明、能征善战的岳家军，并写下了千古绝唱《满江红·怒发冲冠》。岳飞从小就树立了报效祖国的雄心壮志，10 岁起就跟名师周侗学武艺、读兵法。

岳飞练功十分刻苦。一天清晨，北风呼啸，大雪飞舞，和岳飞住在一起的师兄弟王贵、张显、汤怀都因怕冷不肯起床练功。可岳飞依然迎风斗雪，挥剑起舞。早在一边仔细观察的师傅周侗，心中暗暗高兴。又过了一会儿，岳飞练完了一套剑法，停下来擦汗，一扭身，才发现师傅站在身后。

“师傅您早！”岳飞彬彬有礼地向师傅鞠了一躬。

“来，孩子，为师再教你一套剑法。”

周侗说完，持剑起舞。岳飞凝神记着师傅的套路，师傅练完之后，他也就基本记在脑海里了。周侗按剑停下，把剑交给了岳飞。岳飞手中持剑，凭着刚才的记忆，认

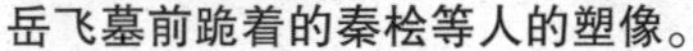
岳飞墓前跪着的秦桧等人的塑像。

青山有幸埋忠骨，白铁无辜铸佞臣。

真地练了起来。岳飞天资聪慧，加上平时刻苦练功，基本功十分扎实，所以看了一遍便能大致模仿出师傅这套“巧女穿针”的招数来。天大亮了，王贵、张显、汤怀才从被窝里爬起来。周侗厉声教训他们：“你们几个应该好好向岳飞学习，要知道少壮不努力，老大徒伤悲!”

当时，宋朝的统治者昏庸腐败，又不重视边防，北方的女真族乘机南侵。他们建立了金国，抢占了中原的大片土地。百姓在战乱中受尽了苦难。岳飞为了收复国土，拯救百姓于水火，毅然从军杀敌。凭着赫赫战功，岳飞很快身居要职。1139 年，南宋宣布宋金议和达成协议，岳飞多次上书反对，都无济于事。金国不久就撕毁了协议，开始大举进攻南宋，宋高宗这才被迫允许岳飞北伐。岳飞热血沸腾，率领岳家军连战连捷。但宋高宗一心想议和，不断催他退兵，接连发了 12 道撤兵金牌，岳飞只得痛心地班师回朝，叹道：“十年之功，废于一旦！社稷江山，难以中兴。”言罢不禁泪流满面。

回到临安后，宋高宗和秦桧就剥夺了岳飞的军权，把他关进大牢，以“莫须有”的罪名将他毒死在了风波亭。

文天祥

辛苦遭逢起一经，干戈寥落四周星。山河破碎风飘絮，身世浮沉雨打萍。惶恐滩头说惶恐，零丁洋里叹零丁。人生自古谁无死，留取丹心照汗青。

——《过零丁洋》

文天祥于1236年5月2日出生在吉州的一个官宦家庭，他所处的南宋末期，朝政极端腐朽黑暗，已经岌岌可危。文天祥是朝廷重臣，在危难之中，他虽想力挽狂澜，却无力回天。虽然他没有延续南宋朝廷的气数，但仍是一位宁死不屈、英勇善战的忠贞刚烈之士。

1274年，蒙古人开始发动声势浩大的灭亡宋朝的战争，南宋危在旦夕。1275年，文天祥在赣州变卖家产作为军饷，组织起一支三万多人的军队，入卫临安。由于投降派的阻挠和破坏，入卫军主力一直没得到与元军决战的机会。当时，4岁的赵㬎（即恭帝）在位，临朝的谢太后决心投降。文天祥不但反对无效，还被任命为右丞相兼枢密使，到元营进行谈判。他在元军的大营和元丞相伯颜谈判，大义凛然，毫不畏惧，坚持要求元军退兵。元军当即把文天祥扣留下来，要将他带到北方。船走到镇江的时候，他逃脱了虎口。虽颠沛流离、几经生死，但他始终不忘报国之志。

“臣心一片磁针石，不指南方不肯休。”文天祥就如磁针指南，对南宋王朝忠贞不渝。

后来，文天祥不幸战败被俘，投降元朝的张弘范劝说文天祥投

降，文天祥写了《过零丁洋》诗作为答复。元朝专横跋扈的宰相阿合马来威逼利诱，文天祥也不为所动。

文天祥雕刻。

北京文天祥文丞相祠。

南宋灭亡以后，张弘范又来劝文天祥投降，文天祥将他痛斥一番。到了元朝的大都以后，南宋的前丞相留梦炎、被封为瀛国公的宋恭帝，先后前来劝降，都碰了一鼻子灰回去了。在这之后的3年里，他一直被关在阴暗潮湿的监狱中。在此期间，他收到投降元朝的弟弟和在监狱中的妻子儿女的来信，但都没有被各种利益所迷惑，更没有被百般的折磨所吓倒，他那高尚的爱国气节始终不渝。1283年1月8日，元世祖忽必烈召见文天祥，进行最后一次劝降。文天祥回答说："我是大宋的宰相，宋朝灭亡，我只能是死，不能苟活。"第二天，文天祥慷慨就义，时年47岁。

戚继光

北驱驰报主情，江花边月笑平生；

一年三百六十日，多是横戈马上行。

——《马上作》

戚继光在很小的时候就在父亲的严格管教下识字读书。在父亲的教诲下，戚继光健康成长。十五六岁时，他在各方面的成绩已相当突出，武艺也十分了得。

戚继光不仅武艺卓越，而且学业也有很大成就。在父亲的言传身教下，戚继光从小就具备了良好的品质：有强烈的进取心，吃苦耐劳，并立志做一个报效国家、血战沙场的将领。

有一次，年幼的戚继光看到几个工匠正在修理家中的门，旧的门被卸下来，换上一种雕花的新门。戚继光走上去，摸着上面精致的雕花，特别喜欢。工匠们逗他玩，说："小公子啊，那门好不好看？""好看！""那你怎么不让你父亲多安几扇，我们去别人家，一般都安 12 扇，那多气派！公子家这么有钱，怎么能只安 4 扇呢？"

戚继光听了，连忙跑去找父亲。父亲正在书房读书，戚继光闯了进去，说："咱们怎么不安 12 扇门呢？安 12 扇门多气派！"戚继光的父亲听了，觉得不能把此事当做一件小事，如果孩子从小就爱慕虚荣，长大后可能会贪财图利。他严肃地对戚继光说："孩子，我们是将门世家，应以国家事业为重。国家危难时，咱们必须首先冲上去，不能有丝毫的犹豫。如果从小就爱慕虚荣、讲排场，会消磨斗志。咱们戚家人都是忠臣良将，不能出势利小人。”戚继光听了父亲的教诲，认真地点了点头，把父亲的话牢牢地记在了心里。

在艰苦的磨炼中，戚继光逐渐经历了许多过去从未经历过的事情，也逐渐懂得了许多过去不懂的道理。

明朝嘉靖三十四年（1555年），戚继光任浙江参将，抵御倭寇。他招募义乌的农民、矿工等共四千余人，编成军队。这支队伍训练严格，纪律严明，屡次击退倭寇的进攻，被当地百姓称为“戚家军”。

倭寇不断侵扰浙江沿海一带，戚继光率领戚家军转战各地。倭寇遭到戚家军的毁灭性打击，戚继光也因此成为我国历史上著名的抗倭将领。

戚继光著有《纪效新书》《练兵实纪》等，为兵家所重视。

戚继光戎马一生，江南塞北，转战千里，直到年近花甲才告老还乡。他为祖国的海疆安宁奋斗终生，是深受人民尊敬和爱戴的抗倭名将。

郑成功

开辟荆榛逐荷夷，十年始克复先基。
田横尚有三千客，茹苦间关不忍离。

——《复台》

郑成功是我国历史上著名的民族英雄，是在实际战争中锻炼出来的军事家。郑成功少年时代，正值明王朝国事混乱，将要土崩瓦解的时期。郑成功的老师是位爱国之士，常用英雄志士的诗篇教育郑成功。老师给他讲的志士英豪的故事使他立志要做一个不畏艰险、精忠报国的人。

台湾自古以来就是中国的领土，1624 年荷兰侵占台湾，1662 年郑成功收复台湾。

郑成功学习非常刻苦，有一次，父亲郑芝龙在朋友的陪同下，乘大船在五马江上游览。郑成功独坐在一个角落里潜心读书。父亲见郑成功这样刻苦地学习，非常高兴。

不一会儿，船帆升了起来，风将帆鼓得满满的，船像一支离弦的箭向前飞驶。郑芝龙想考考自己的宝贝儿子，便对郑成功说：“我出个对子，你对对看。”郑成功说：“请父亲出上联。”“你看对面那只舢板，尽管渔民拼命摇橹，可还是没我们快，所以我认为，‘两舟并行，橹速不如帆快’——你对下联吧。”郑芝龙的这个上联语带双关，表面上在说“橹”、

“帆”，实际上“橹速”是隐喻孙权的谋士鲁肃，“帆快”是隐喻刘邦的参将樊哙，其本意是说“文官不如武官”。要找到两个历史人物，又要利用谐音，实在太难了。但郑成功才思敏捷，很快就想出来了，便对道：“八音齐奏，笛清难比箫和。”语音刚落，满座叫绝。他的“笛清”暗指宋仁宗驾下大元帅狄青，“箫和”暗指协助刘邦治国平天下的丞相萧何，其意是“武将难比文官”。

郑成功的博学多识，为他日后创造辉煌业绩打下了基础，使他在各种情况下都能以宽广的视野去观察、去思考。1661 年，郑成功率领战船数百艘，将士数万人，从金门挥师东进，经澎湖，于台湾禾寮港及鹿耳门登陆。在台湾人民的支援下，浴血奋战了 8 个月，赶走了荷兰殖民者，捍卫了国家领土的完整。郑成功为中华民族的统一大业立下了赫赫功勋，赢得了全国人民的赞颂和爱戴，被视为伟大的民族英雄。

台湾收复后，郑成功运用政治力量，组织建设台湾。正当他要大展宏图之际，可恶的病魔缠住了他，但他仍然忍受着病痛，继续稳定和发展台湾。1662 年 7 月，开创伟业的一代英雄与世长辞，年仅 38 岁。

林则徐

天险设虎门，大炮森相向。海口虽通商，
当关资上将。唇亡恐齿寒，闽安孰保障？

——《五虎门观海》

1785年，林则徐出生于福建侯官县（治今福州）一个下层封建知识分子家庭，父亲虽然有着固定俸禄，但仍以教书为生。早年的读书生涯是林则徐从幼稚走向成熟的一个重要阶段。父母师长的教诲，书院学风的熏陶，使林则徐从小就喜欢读有关民生疾苦之书，不断汲取古代文化中的思想精华，树立了救国济世的志向。

19世纪初期，英国殖民者走私了大量鸦片到中国，不但使白银外流，而且人民吸食鸦片上瘾，致使身体素质下降，军队失去战斗力，这引起了严重的社会危机和民族危机。道光十八年（1838年），林则徐被任命为钦差大臣，他抱着挽救国家民族危亡的决心，到广东查禁鸦片。林则徐与邓廷桢同心协力，下令英国领事依律交出鸦片，共查缴英美等国鸦片两万多箱，共计二百三十多万斤。林则徐下令将这些鸦片在虎门焚烧，前后烧了近40天才烧光。1840年，英国政府对我国悍然发动了鸦片战争，林则徐坐镇虎门，准备迎敌，并通知沿海各省加强海防。他号召："如英夷兵船一进内河，许以人人持刀痛杀。"斗志昂扬的广州人民在林则徐的领导下，迅速投入打击侵略者的战斗中，但由于清王朝的腐败无能，侵略军于1842年

表现林则徐的木刻作品。

闯过长江，直逼南京。清朝统治者苟且偷安，屈膝求和，同英国签订了中国近代史上第一个不平等条约——《南京条约》。鸦片战争失败了，清王朝毫无道理地归罪于林则徐，将他充军到新疆。3 年之后，林则徐被赦，被委任陕西巡抚、云贵总督等职。1850 年，65 岁的林则徐在去广西赴任途中，溘然长逝。林则徐是中国近代“开眼看世界的第一人”，他超越时代的目光令世人叹为观止。人们将永远怀念这位我国近代史上著名的爱国者和民族英雄。

林则徐为了查禁鸦片，不畏强权，在虎门公开销毁鸦片，打击了嚣张的侵略者。

邓世昌

我立志杀敌报国，今死于海，义也，何求生为！

——邓世昌

1849年，邓世昌出生于广东番禺的一个农民家庭。十八九岁的时候，他考入了清朝第一所海军学校——福州船政学堂。从福州船政学堂毕业后，邓世昌被分配到清军水师部队，历任海东云、振威、镇南、扬威等舰管带。当时，清军水师腐败不堪，许多军官生活腐化，士兵也很少训练，军纪极为松散。而邓世昌却对工作认真负责，与士兵一同生活，共同操练，还十分在意对士兵进行爱国教育。

1894年8月，中日甲午战争爆发。9月12日，邓世昌所在的北洋海军舰队奉命从大连湾护送运兵轮船到大东沟（鸭绿江口）。北洋舰队不负众望，顺利完成了任务。17日上午，北洋舰队返航时途经黄海，遭遇了一支日本舰队的袭击。海军提督丁汝昌命令各舰作好战斗准备，全体爱国官兵斗志昂扬，准备同敌人决一死战。在这场激烈的海战中，邓世昌表现得十分英勇。在激烈的战斗中，中国旗舰桅杆被打断，帅旗被打落，丁汝昌身受重伤。邓世昌发现敌前锋舰“吉野”号十分猖狂，便对大副陈金揆说：“敌人的舰队都仰仗‘吉野’号，如果我们把它击沉，敌人一定士气大落。”陈金揆也赞同他的建议。于是，邓世昌便示意“经远”号、“济远”号等舰向他

靠拢，集中火力对付日本舰队中最凶悍的巡洋舰“吉野”号。不料，炮弹却没有动静。原来，为了庆祝慈禧太后六十寿辰，海军的经费都被用于修建颐和园了，那些炮弹里根本就没有火药，里面装的全是沙土。面对这一切，水兵们纷纷拿起步枪向敌人射击。此时，“致远”号已经没有后援，就在这万分紧急的关头，邓世昌率领“致远”号全体英雄官兵与敌舰同归于尽，“撞沉吉野”的口号响彻黄海上空。眼看“致远”号就要撞到敌舰上时，不幸被日军鱼雷击中，邓世昌同全舰250名英勇将士一起护卫着自己的军舰和舰旗，慷慨从容地跳入黄海万顷浪涛之中。

思想家与各界精英

SI XIANG JIA YU
GE JIE JING YING

孔 子

学而时习之，不亦说乎？
温故而知新，可以为师矣。

——孔子

孔子，名丘，字仲尼，是我国古代最伟大的政治家、思想家、教育家和军事家。孔子是儒家学派的创始人，是世界最著名的文学名人之一。他与孟子并称“孔孟”，孔子是“至圣”，孟子是“外王”。

据记载，孔子的祖先是殷商后裔。由于孔子的母亲曾去尼丘山祈祷，然后怀了孔子，又因孔子刚出生时头顶的中间凹下，像尼丘山，所以起名为丘，字仲尼。孔子极为聪明好学，20岁时，学识就已经非常渊博，且对天下大事非常关注，对治理国家的很多问题，经常进行思考，也常发表一些见解，到30岁时，已有些名气。孔子曾有过两次从政的机会，但他都放弃了。直到鲁定公九年被任命为中都宰，此时孔子已51岁了。鲁定公十三年，孔子开始了周游列国的旅程，这一年，孔子56岁。政治上的不得意，使孔子将很大一部分精力用在教育事业上。孔子打破了教育垄断，开创了私学先驱。孔子弟子多达三千人，其中贤人七十二，其中有很多都是各国的高官栋梁。

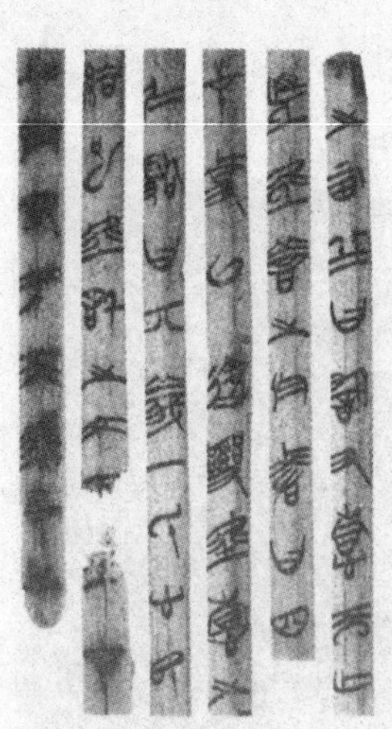

孔子作品竹简。

孔子的儒家学说以“仁”为核心，认为仁即“爱人”，主张“己所不欲，勿施于人”，“己欲立而立人，己欲达而达人”。仁之本为孝悌，孔子认为要以“礼”为规范来执行“仁”。孔子在世界观上相信有人格意志的“天”，但又视“天”为自然物；重视祭祀，但又怀疑鬼神的存在，主张“敬鬼神而远之”；相信天命，强调“知命”，“不知命，无以为君子”，但又重视人在生活、学习上态度积极；承认“生而知之”，“惟上智与下愚不移”，但也强调重视后天学习，提倡求实精神。孔子认为“君君、臣臣、父父、子子”不可僭越，应正名；提倡德政和教化，反对苛政和任意刑杀。

孔子对后世影响深远，被誉为“天纵之圣”“天之木铎”“千古圣人”，是当时社会上最博学者之一。后世尊称他为“至圣”“万世师表”，认为他曾修《师》《书》，定《礼》《乐》，序《周易》，作《春秋》。《论语》是儒家学派的经典著作之一，由孔子的弟子及其再传弟子编撰而成。它以语录体和对话文体为主，记录了孔子及其弟子言行，集中体现了孔子的政治主张、伦理思想、道德理念及教育原则等。《论语》的语言简洁精炼，含义深刻，其中有许多言论至今仍被世人视为至理。

苏格拉底

假使把所有的人的灾难都堆积到一起，然后重新分配，那么我相信大部分的人一定都会很满意地取走他自己原有的那一份。

——苏格拉底

苏格拉底是古希腊著名的哲学家，出生于雅典一个普通公民的家庭。他在雅典时，总爱和当时的许多智者辩论一些关于伦理道德以及教育政治方面的问题。他被认为是当时最有智慧的人。苏格拉底曾三次参军作战，在战争中表现英勇，不止一次在战斗中救助受了伤的士兵。40 岁左右，他成了雅典远近闻名的人物。他还曾在雅典公民大会中担任陪审官。在雅典恢复奴隶主民主制后，苏格拉底被控，以藐视传统宗教、引进新神、败坏青年和反对民主等罪名被判处死刑。他拒绝了朋友和学生要他乞求赦免和外出逃亡的建议，饮下毒酒自杀而死。在欧洲文化史上，人们视他为“追求真理而死的圣人”。

苏格拉底的一生都过着清贫的生活。无论酷暑严寒，他就只穿着一件普通的单衣，经常不穿鞋，吃饭也很简单，只是专心致志地做学问。苏格拉底的学说非常具有神秘色彩。他认为天上和地上各种事物的生存、发展和毁灭都是神安排的，神是世界的主宰。他反对研究自然界，认为那是亵渎神灵的。他提倡人们认识做人的道理，过有道德的生活。他的哲学主要研究探讨的是伦理道德问题。

人们对苏格拉底的评价说法不一，无论是

其生前还是死后，都有一大批狂热的崇拜者和一大批激烈的反对者。哲学史家往往把他作为古希腊哲学发展史的分水岭，将他之前的哲学称为前苏格拉底哲学。作为一个伟大的哲学家，苏格拉底对后世的西方哲学产生了极大的影响。

苏格拉底的哲学思想主要有四个方面：1. 转变哲学研究对象。把哲学研究对象从自然转向人本身，提出“认识你自己”的观点，从而将哲学从天上拉回人间；2. 提出“问答法”的辩证法，使古代辩证法成为一种理性的哲学思维方法；3. 提出“灵异”宗教观，即神明内化，成为主体心中的意志力量；4. 提出“美德即是知识”，把道德建立在知识的基础上，使道德成为科学研究对象，奠定了理性主义伦理学的基础。

苏格拉底一生没留下任何著作，但他的影响却是深远的。他的行为和学说，主要是通过他的学生柏拉图和色诺芬著作中的记载流传下来。关于苏格拉底的生平和学说，从古代以来就有各种不同的记载和说法，所以一直是学术界讨论最多的一个问题。

亚里士多德

谬误有多种多样，而正确却只有一种，这就是为什么失败容易成功难、脱靶容易中靶难的缘故。

——亚里士多德

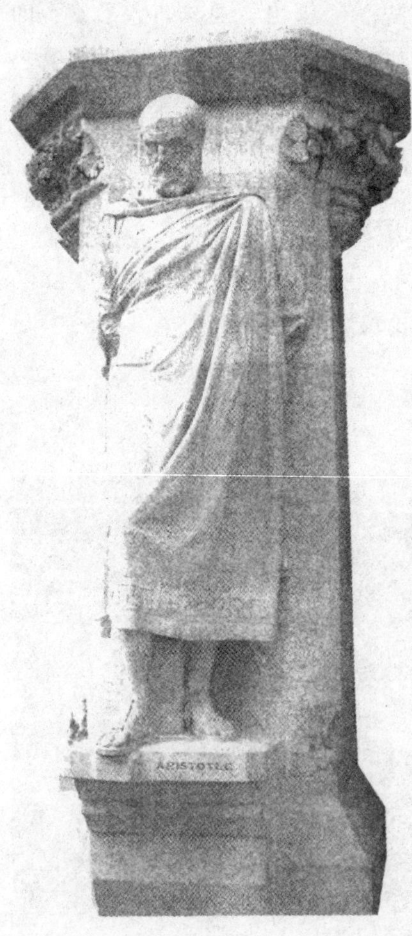

亚里士多德是古希腊哲学家、科学家。他知识渊博，他的研究涉及逻辑学、修辞学、诗学、物理学、生物学、心理学、政治学、经济学、伦理学、历史学、哲学等诸多领域。他的主要著作有《工具论》《物理学》《政治学》《论灵魂》《论天》《诗学》《修辞学》等。

亚里士多德出生于色雷斯的斯塔基拉，父亲是马其顿王的御医。公元前 366 年，17 岁的亚里士多德就被送到雅典的柏拉图学院学习，此后 20 年间亚里士多德一直吃住在学院，直至老师柏拉图去世。亚里士多德先前的学友赫米阿斯是小亚细亚沿岸的密细亚的统治者，他邀请亚里士多德到小亚细亚。亚里士多德来到那里后，娶了

雕刻作品《亚里士多德与其弟子》。

赫米阿斯的侄女为妻。但在公元前344年，赫米阿斯在一次暴动中被谋杀，亚里士多德不得不和家人离开小亚细亚，一起到了米提利尼。三年后，亚里士多德回到马其顿担任当时年仅13岁亚历山大大帝的老师。在亚里士多德的影响下，亚历山大大帝对科学事业十分关心，对知识十分尊重。

尽管亚里士多德的学生已经贵为国王，但他并没有一直留在国王身边，公元前335年，他决定回到雅典，建立自己的学院，教授哲学。亚里士多德得非常重视教学方法，他反对刻板的教学方式，于是他经常带着学生在花园林荫大道上一边散步、一边讨论哲理，因此后人把亚里士多德学派称为“逍遥学派”。亚里士多德的著作在这一期间也有很多，主要是关于自然和物理方面的自然科学和哲学。他的作品很多都是以讲课的笔记为基础，有些甚至是他学生的课堂笔记。因此有人将亚里士多德看做是西方第一本教科书的作者。亚历山大死后，雅典人开始奋起反抗马其顿的统治。由于和亚历山大的关系，亚里士多德不得不因为被指控不敬神而逃到加而西斯避难。他的学校则交给了狄奥弗拉斯图掌管。公元前322年，亚里士多德去世，传说他的去世是由于无法解释潮汐现象而跳海自杀的，但这种说法是没有史实根据的，去世的原因是一种多年积累的疾病所造成的。

亚里士多德认为“适中”是人的道德准则和人生的目标。在认识论中，他认为人的心灵就如一块蜡，而感觉印象就像戒指上的图案印在蜡上面一样。

李时珍

予窥其人，晬然貌也，癯然身也，津津然谈议也，真北斗以南一人。

——王世贞

李时珍因其在医药学方面的贡献而被后人所称颂。

李时珍于1518年出生在蕲州，是我国明朝杰出的药物学家，也是当时世界上最伟大的医学家之一。

李时珍自幼跟父亲上山采药，帮着父亲加工药材，受到潜移默化的影响，李时珍长大后成了一名医生，在医疗实践中，对历代医药书籍进行了广泛的阅读研究。他发现旧“本草”非但不完善，甚至还有很多错误，便立志写出一部分类更加详细的药物学著作。

1551年，李时珍开始编写《本草纲目》。他给自己的著作确定了名目和体例，便开始进行工作。

1556年，李时珍奉诏入京，经举荐进入太医院。这里丰富的藏书、来自海内外的各种药物，使他获益匪浅。

编纂一本规模宏大的药物学著作，最使他感到茫然的是许多药物的形状和生长情况在古人的书籍里往往模糊

湖北蕲春李时珍纪念馆前的牌坊。

在蕲春县蕲州镇的李时珍墓。

不清，有的甚至互相矛盾。经过一番冥思苦想，李时珍认识到，要解决这些问题，唯一的途径就是进行实物考察。

约 1565 年以后，李时珍的足迹踏遍了蕲州一带的山山水水。他穿上草鞋，背起药筐，拿上药锄，带着必要的书籍和纸笔出发了。凡须调查研究的药物，他事先写在纸上。先寻找当地产的，再解决难以寻到的，遇有不认识的草药，他就向当地居民请教。为了采制有价值的标本，彻底弄清楚古人所述的各类药物，订误辨疑，李时珍登山梁，下河谷，踏原野，涉水乡，足迹遍布湖广、江西、江苏、安徽等许多省份。

经过大半生的艰苦耕耘，1578 年，在李时珍 60 岁时，《本草纲目》经过 3 次大的修改，终于编写成功。《本草纲目》共 52 卷，一百九十余万字。全书把药物分做 16 部 60 类，记载药物 1892 种。此外，载入药方一万一千余个，并附有动植物图一千一百余幅。这部书规模宏大，内容丰富，涉及范围广博，是古代任何一部“本草”书所望尘莫及的。

《本草纲目》刊行后，立即风靡全国，人们争相传阅。随着中外文化的交流，《本草纲目》深受世界各国的重视。西方人称之为东方医学巨著。

1593 年初秋，李时珍逝世，而他的著作《本草纲目》至今还是医生们经常参考的医药书之一。英国进化论的创始人达尔文把这部书称为：“1596 年的百科全书”。李时珍为中国及世界文明所作的贡献，同《本草纲目》一起永载人类史册。

马可·波罗

《马可·波罗游记》不是一部单纯的游记，而是启蒙式作品，对于闭塞的欧洲人来说，无异是振聋发聩……

——莫里斯·科利思

马可·波罗约1254年出生于意大利的水上城市威尼斯的一个富裕的商人家庭。作为威尼斯的富商，马可·波罗的父亲和叔叔长年航海在外，在马可·波罗还未出生的时候，他们就已经出海了，所以小马可·波罗对父亲很是想念。15岁的马可·波罗终于盼到了日思夜想的父亲。见到父亲后，马可·波罗整天缠着父亲给他讲旅途中有趣的见闻和故事。那个关于中国元朝忽必烈皇帝的故事，使马可·波罗十分好奇，于是他暗暗下定决心，自己将来一定要到那个神秘的东方国度去看一看。

幸运的是，1271年夏天，马可·波罗的父亲和叔叔又要起程到中国去了。17岁的马可·波罗也参加了这次东方之行。

马可波罗的故乡，意大利威尼斯。

聪明好学的马可·波罗对沿途各地都进行热心的研究和考察。他每到夜晚休息的时候，就跑到商队里去打听各国的故事。每到一个城市，马可·波罗就会跑到寺院和大教堂，询问有关它们的故事和来历。他详细调查所到之处的各种风土人情：生长什么动植物，出产什么特产，以及怎样进行交易，还有居民的生活和宗教信仰等情况，然后把它们逐一记录在笔记本上。一路下来，他听到了许多有趣的故事。当马可·波罗看到元朝每隔 40 千米就设有一个驿站时，他非常佩服，也把这种制度详细地记了下来。他们历尽千难万险，经过长途跋涉，终于在 1275 年来到上都，拜见了威武的忽必烈皇帝。

这时的马可·波罗已经成长为一个彬彬有礼、聪明且见多识广的年轻小伙子了，忽必烈很喜欢他，当即就要他当了自己的侍从。忽必烈知道马可·波罗喜欢旅行，便委派他去出访南方各地调查民俗，等马可·波罗回来时便高兴地让他讲述一路上见到的或听说的有趣故事，他还曾让马可·波罗当了 3 年的扬州总管。

马可·波罗在中国住了 17 年，经过深入的调查了解，写出了大量笔记。但后来由于思乡心切，又加上父亲身患重病，希望落叶归根，他便以护送公主西嫁波斯为由，向忽必烈辞行。忽必烈对马可·波罗的离去感到十分惋惜和不舍，但最后还是同意了他的请求，临走的时候赐了他很多的金银财宝，并吩咐他和故乡的亲人会面后，尽快回来。马可·波罗一路护送阔阔真公主到波斯后，辗转回到威尼斯。

马可·波罗成为威尼斯甚至是意大利著名的富商，他所讲述的神奇的东方故事吸引了许多人。他在威尼斯娶妻生子，过着幸福的生活。三年后，威尼斯和另一个城市因争夺世界海上霸权发生战争。

元代长城遗址。

图为马可·波罗用于旅游的船舶。《马可·波罗游记》大大丰富了欧洲人的地理知识，打破了宗教的谬论和传统的“天圆地方”说。

由于时局动荡不安，所有的商船都必须改为军舰参战，马可·波罗作为威尼斯的富商，也不能幸免。最后这场战争以威尼斯的失败而告终，马可·波罗不幸被俘入狱。当时和马可·波罗同一牢房的囚犯中有一个名叫鲁思梯谦的人，他是比萨作家。他对马可·波罗的冒险故事极感兴趣，因此他建议两人合作，把马可·波罗的经历写成一本书。马可·波罗同意了，于是马可·波罗开始讲述，鲁思梯谦根据他所讲的内容，再加以润色记述下来，半年以后，终于完成了这部举世闻名的巨著《马可·波罗游记》。不久，交战的双方讲和，互相交换俘虏，马可·波罗又回到了故乡威尼斯。

如果威尼斯没有打败仗，马可·波罗没有成为战俘，没有在监狱遇见鲁思梯谦，他的奇遇和宝贵的见闻就很难完整地记录下来。可见，是这一切的发生反而促成了《马可·波罗游记》的诞生，并对后代历史产生了深远的影响。据说，欧洲的地理学家，根据举世闻名的巨著《马可·波罗游记》绘制了早期的“世界地图”。后来，《马可·波罗游记》所记载的事件成为哥伦布去探险的一大动力，引发了更多的西方人探索神秘东方的浓厚兴趣。

顾拜旦

对人生而言，重要的绝不是凯旋，而是战斗。

——顾拜旦

顾拜旦于1863年4月6日出生在法国巴黎一个古老的贵族家庭。他从小聪明好学，成绩优良，中学时对古希腊的历史产生了浓厚的兴趣，从此开始钻研历史。

他从书上了解到古代奥林匹克的历史，这些历史引起了顾拜旦极大的兴趣。他渡海前往英国学习“教育学”，留学期间，他发现英国的教育和体育制度有许多先进之处，他希望法国也可以在开展体育运动的过程中，培养青少年的刻苦精神、集体责任感和强健的体魄。在古希腊文化的熏陶和当时先进的英国教育的影响下，他逐渐萌发了改革法国教育制度和倡导体育的思想。

顾拜旦回国后，选择了从事教育工作和体育工作的道路，陆续发表了《教育制度的改革》《运动的指导原理》《英国与希腊回忆记》《英国教育学》等一系列著作，并提出了许多改革教育、发展体育的建议，产生了一定的国际影响。1888年，顾拜旦就任法国学校教育、体育训练筹备委员会秘书长。次年，顾拜旦代表法国参加了在美国波士顿举行的国际体育训练大会，进一步了解了世界体育发展的动态。他认为，近代体育的发展正在走向国际化，应该借助古希腊体育的经验和传统影响，来推进国

际体育的发展，于是，他产生了复兴奥林匹克运动会的想法。

1892 年，顾拜旦遍访欧洲，宣传奥林匹克理想。同年 11 月 25 日在庆祝法国“体育运动协会联合会”成立 3 周年大会上，他发表了著名的演说，第一次公开和正式地提出了创办现代奥林匹克运动会的倡议。在演说中，顾拜旦阐明：现代奥林匹克运动会应该像古代奥林匹克运动会那样，向所有国家、所有地区和所有民族开放，并在世界各地轮流举办。顾拜旦的倡议，使现代奥运会从一开始就冲破了民族和国家的界限，具有了突出的国际性。

1893 年，他还将自己的倡议写成公开信，寄给许多国家和体育俱乐部，得到了广泛的支持。

1894 年初，为了共商复兴奥运会大计，顾拜旦建议于同年 6 月举行一次国际体育会议，并致函各国体育组织选派代表来参加。他的努力终于收到了成效，在国际上各种因素的帮助和顾拜旦的不懈努力下，创办现代奥林匹克运动会的各种工作准备就绪。

1894 年 6 月 16 日至 24 日，国际体育运动代表大会在巴黎索邦神学院举行，到会的正式代表共计 79 人，他们是来自美国、英国、俄罗斯、瑞士、西班牙、意大利、比利时、荷兰和希腊等 12 个国家和 49 个体育组织的代表。会议期间，又先后有 20 几个国家致函，向大会表示了支持和祝贺。顾拜旦的精心设计和主持，唤起了与会者对古代奥运会的神往，与会代表一致同意顾拜旦的主张，决定复兴奥林匹克运动会，并通过了《复兴奥运会》的决议。6 月 23 日，大会通过了成立国际奥委会的决议，顾拜旦从 79 名正式代表中挑选出 15 人任第一届国际奥林匹克委员会委员，大会还决定由奥运会举办国的国际奥委会委员担任国际奥委会主席。由于首届现代奥运会将于 1896 年在希腊首都雅典举行，因此，希腊委员维凯拉斯当选国际奥委会第一任主席，顾拜旦担任秘书长。

1896 年 4 月 6 日至 15 日，第一届现代奥运会如期举行。虽然组织尚不正规，但它却是现代奥林匹克运动正式诞生的重要标志。至此，现代奥林匹克运动终于登上了历史舞台，它为人类文明掀开了崭新的一页。

1896 年首届奥运会结束后，顾拜旦接任国际奥委会主席。他担任这个职务一直到 1925 年，是迄今为止任期最长的奥委会主席。他还起草了《奥林匹克宪章》，并以历史学家的深邃眼光和文学家的优美笔调，阐述了奥林匹克运动的哲学基础、教育功能和美学意义。从一开始他就规定了国际奥委会的独立性和中立性，奥委会不受任何政治势力左右，不接受任何组织津贴。他奠定的理论基础，使得奥林匹克运动经受住了百年风雨的考验，发展成为一个持久的以竞技体育为手段的社会文化与和平运动。

奥运会的名言：“重要的不是取胜，而是参与。”这句名言是在第四届英国伦敦举行的奥运会上提出的。

而“更快、更高、更强”这一经典的奥运会格言，是法国阿奎埃尔修道院院长迪东的话，它的意义已经远远超出了体育的范围，成为体现人类进取精神、激励人类蓬勃向上的名言。

顾拜旦的奥林匹克运动的哲学思想，后来均被写进《奥林匹克回忆录》这一巨著中，他为后人留下了一份丰富的思想遗产。在奥林匹克运动日益壮大的今天，我们仍然可以感受到他言论的经典性，感受到这位“现代奥林匹克之父”思想的光芒。

1937 年 9 月 2 日，顾拜旦因心脏病突发而离开了人世。他的遗体被安葬在洛桑市郊的“小牛树林公墓”里。根据他的遗愿，他的心脏于 1938 年被安葬在奥林匹克运动的发祥地——奥林匹亚山下，他希望时刻感受奥林匹克运动发展的脉搏。此后，历届奥运会在希腊点燃圣火之后，持火炬者都首先围绕埋有顾拜旦心脏的墓碑跑一圈，以表示对这位伟大的奥林匹克先驱的无限崇敬。他的名字将永远载入奥林匹克的史册。

弗洛伊德

人生就像弈棋，一步失误，全盘皆输，这是令人悲哀之事；而且人生还不如弈棋，不可能再来一局，也不能悔棋。

——弗洛伊德

弗洛伊德于1856年5月6日出生在奥地利弗赖贝格市的一个犹太毛织品商人家庭。1873年，弗洛伊德进入维也纳大学医学院，从1876年起在著名的生理学家艾内斯特·布吕克的指导下从事研究工作，并在1881年获得医学博士学位。1885年，他前往巴黎，受教于当时非常著名的神经学家沙可。弗洛伊德读到了沙可有关“歇斯底里”症症状的论著，并了解到沙可提出的催眠疗法。1886年，弗洛伊德和马莎·伯莱斯结婚，并生育了6个孩子。

弗洛伊德在求学时就看到过布罗伊尔医生用催眠法治疗癔症，这使他感觉到了身心关系的微妙变化。后来，弗洛伊德也开始尝试使用催眠疗法治疗神经病，但他逐渐发现催眠的疗效并不能持久，于是就改用了“自由联想法”，该理论和以后的“自我分析法”成为弗洛伊德一生的两大杰出成就。1900年，弗洛伊德的杰作《梦的解析》出版，但并没有得到重视。到1905年，他发表了《性学三论》，至此他的学说才真正引起了世人的重视。但因其学说的反传统性，弗洛伊德的一些理论也受到了众人的攻击，他也因此一度成为了德国科学界最不受欢迎的人。

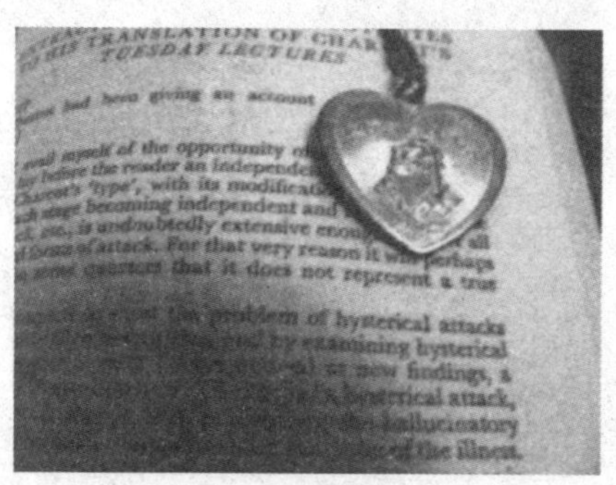

弗洛伊德的观点不仅应用于精神病学领域，也在艺术创造、教育及政治活动等方面得到广泛的运用。图为弗洛伊德像。

弗洛伊德的著作引起了心理学家的兴趣，而他的理论自提出之日就引来了争议。图为弗洛伊德书稿。

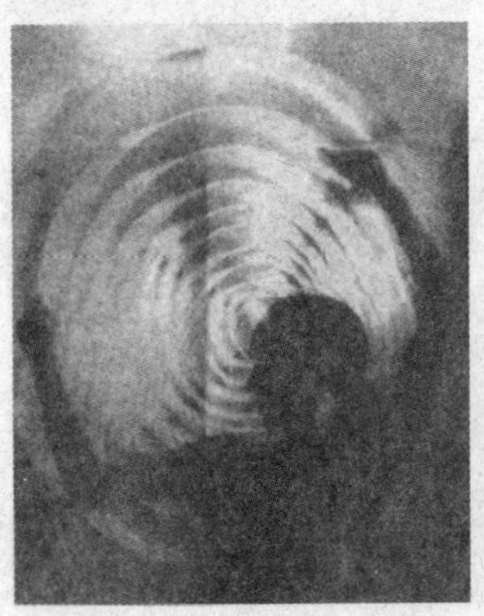

虽然遭受挫折，但弗洛伊德不为所动，在不到 20 年的时间里，又写下了约 80 篇论文和 9 本著作，继续阐述、发挥和宣传他的精神分析理论。他的理论不仅是心理学中一种必备的知识，在人文、艺术创作、日常知识等方面，也具有重要的启迪作用。1931 年，弗洛伊德的故乡为庆祝他 75 岁寿辰，以他的名字来命名他出生的那条街道。1936 年，他成为英国皇家学会的通讯会员。弗洛伊德毕生以极大的热情创立和发展了精神分析学说，培养了一批学术继承者，如后来具有世界性影响的荣格、阿德勒等，使精神分析学说成为世界上有广泛影响的理论。

1938 年，纳粹德国占领维也纳后，弗洛伊德移居英国。1939 年 9 月 23 日，他因口腔癌复发在伦敦逝世，享年 83 岁。

科技骄子

KEJI JIAOZI

张衡

不患位之不尊，而患德之不崇；不耻禄之不伙，而耻智之不博。

——张衡

公元78年，张衡出生于南阳郡西鄂县一个比较清苦的官宦家庭。环境的艰苦和生活的艰难激发了他奋发向上的斗志。

张衡最杰出的成就是在天文方面，他继承和发展了浑天说，撰写了两部重要的天文学著作《灵宪》和《浑天仪图注》。约公元117年，张衡根据浑天说制成了世界上最早使用水力转动的浑天仪。这是世界上第一架能够比较准确地观测天象的浑天仪，是划时代的伟大创造，它的发明推动了中国天文事业的发展。1094年，苏颂和韩公廉在张衡的启发下，创制了世界上最早的天文钟，这是中国古代最精密、最复杂的天文仪器。

在地震学上，张衡发明了世界上第一台地震仪——候风地动仪，这是张衡在浑天仪之外的另一个不朽的创造。地动仪全由铜铸成，直径近3米，像一个大酒坛。周围铸有8条龙，头下尾上，按照东、东南、南、西南、西、西北、北、东北的方向排列着。龙头和仪器内部的机关相连，每条龙嘴里都含着一颗铜球。8 个龙头下，蹲着 8 只张着嘴的铜蛤蟆。地动仪内部有一根大铜柱，叫做都柱，都柱上粗下细，能够摇摆。都柱旁有 8 条通道，通道内安有机关，叫做牙机。一旦发生地震，都柱就会向发生地震的方向倾斜，并触动通道中的牙机，而冲着那个方向的龙头，就会张开嘴巴，吐出铜球，落在下面的蛤蟆嘴中，发出声响。据此，人们就可以知道地震的时间和方位。公元 138 年，张衡利用地动仪准确测出在距洛阳千里外的陇西地区发生的地震，证实了地动仪的科学性。

地动仪比欧洲人发明的地震仪早了 1800 多年，在人类地震学史上具有重大意义。

在其他很多领域张衡都颇有建树，他发明过指南车、会飞的木雕、水力推动的活动日晷等机械仪器；写过一部数学专著《算罔论》，还计算出圆周率是 3. 1622，在 1800 多年前，能有这样精密的计算，着实让人惊叹；张衡还研究过地理学，他绘制的地图流传了几百年；他还是东汉六大画家之一；在文学领域，他创作的《二京赋》，在形式和内容上把汉大赋推向了一个高峰，被誉为“长编之极轨”，在中国文学史上占有重要地位。

郭沫若先生曾经评价张衡：“如此全面发展之人物，在世界史中亦所罕见。”“万祀千龄，令人敬仰。”张衡不愧为中华民族古代科技发展的杰出代表。

祖冲之

冲之解钟博塞，当时独绝，莫能对者。又造千里船，于新亭江试之，日行百余里。又特善算。著易老庄义，释论话、孝经，注九章，造缀述数十篇。

——《祖冲之传》

祖冲之是我国南北朝时期杰出的科学家。他自幼酷爱数学，并且爱动脑筋提问题。他一生中有许多卓越的成就，其中之一就是对圆周率的计算。祖冲之在1500年以前就确定，圆周率在31415926和31415927之间。比3.1416精确得多。在他之后的1000年，阿拉伯数学家才打破了这个精确程度的纪录。

在他以前，已经有人提出圆周率跟22/7相近似。祖冲之把22/7叫做“约率”，提出了另一个圆周率的近似值355/113，作为“密率”，因为它更加精密，跟圆周率更接近。过了1000年，德国人奥托和荷兰人安托尼斯才先后提出355/113这个圆周率的近似值，欧洲人当时不知道祖冲之已经提出过“密率”，在他们写的数学史上，把它叫做“安托尼斯率”。日本数学家主张把355/113称为“祖率”，这是公允的。

祖冲之从小爱好天文历法，经常观测太阳、月亮和星星在天空中

运行的情况，并作出详细的记录。他发现当时采用的《元嘉历》有些错误，它对日月的方位、行星的出没和冬至、夏至的时间，推算得都不是很准确。他编制了一部新的历法，叫做《大明历》，而此时，祖冲之刚满33岁。

祖冲之关于圆周率的文献记载。

《大明历》的成就之一，是第一次照顾到了“岁差”。祖冲之编制的《大明历》，改为每391年有144个闰月，比《元嘉历》精确得多。

公元462年，祖冲之请求南朝宋孝武帝刘骏颁行《大明历》，但是遭到一个叫戴法兴的宠臣的反对。争论持续了将近两年，宋孝武帝才决定下一年颁行《大明历》，不料他当年就驾崩了，事情于是被搁置起来。后来朝代也换了，祖冲之也去世了。经他的儿子祖暅之一再上书请求，直到公元510年，梁武帝萧衍才正式颁布采用《大明历》。

祖冲之在机械制造方面也很有成就。公元478年，祖冲之重新制造了一辆铜铸的指南车，随便车子怎么拐弯，车上的铜人总是指着南方。

祖冲之看见农民舂米磨谷非常吃力，就在乐游苑中试制了一台水碓磨，利用水力转动石磨来舂米磨谷。这种水碓磨，既省力，又可日夜不停地转动，工作效率很高。

祖冲之的刻苦学习、认真钻研、勇于创造和坚持真理的精神，永远是后人学习的榜样。

沈 括

博学善文，于天文、方志、律历、音乐、医药、卜算无所不能。

——《宋史》

沈括出生于浙江杭州的一个封建官宦家庭。他酷爱读书并善于独立思考提出新见解。他从小就立下了读万卷书、行万里路的宏伟志向。

博学多才的沈括堪称中国古代科学的坐标。他在天文、地理、数学、物理、化学、生物、医药、水利、文学、音乐甚至军事方面，都取得了令人叹为观止的卓越成就，他将中国的科学技术水平推向了新的高峰。沈括的成就对后世产生了巨大的影响。他发明了隙积

沈括故居。

法，成为垛积术的创始人；沈括是世界上第一个发现了地磁偏角的人；他总结的指南针装置方法，为人类的航海事业提供了前提条件；他编制的《十二气历》为后世的历法改革提供了新的理念；他的地质学理论和研究方法，至今仍被科学工作者广泛使用；他的著作《梦溪笔谈》被誉为“中国科学史上的里程碑”。书中除了记载他一生的科学研究成果外，也记载了大量的中国古代的科学资料，其中对活字印刷术、地磁偏角、指南针等都有所记载，是我国古代科技的宝贵材料。

沈括还是一个出色的外交家和军事家，在北宋与契丹的边界争端上，沈括和契丹丞相一共进行了 6 次会谈，最后凯旋而归，不但维护了北宋的领土完整，也震慑了契丹，使契丹从此不敢再轻易滥施武力。在抵抗西夏的侵犯上，他先后出任延安州官和经略安抚使，任期内不但注意整顿军纪，还改进兵器和阵法，增强了军队的战斗力，加强了军事防务。1081 年，西夏大举进犯北宋边境，沈括率领大军迎敌，大败西夏 7 万大军。

第二年，西夏又以 30 万大军围攻西北要塞永乐，以 8 万军队进攻绥德。只有一万士兵的沈括奉命力保绥德，却无法解救永乐，结果永乐失陷，宋军几乎全军覆没。因为沈括曾经支持新法，永乐失陷之后，守旧派便借机报复他，污蔑他“抗敌不力”“处理不当”，将他贬为均州团练。

1088 年，57 岁的沈括辞官归隐，回到润州梦溪园，集中精力创作《梦溪笔谈》。《梦溪笔谈》是宋朝科技史的资料库，是宋代劳动人民科学成果的结晶，也是世界科技史中一份宝贵的遗产。1095 年，沈括在家中病逝，享年 64 岁。

詹天佑

各出所学，各尽所知，使国家富强不受外侮，足以自立于地球之上。

——詹天佑

1861年，詹天佑出生于广东南海一个没落的茶商家庭。1872年，詹天佑报考“幼童出洋预备班”并被录取，成为清政府第一批公费留学生，并于当年9月到达美国。

1878年，詹天佑考入著名的耶鲁大学，主攻土木工程。他学习刻苦，各科成绩优秀。1881年，获得了学士学位，同年8月，詹天佑归国，从此开始了他的科学报国之路。

詹天佑回国后，被派到福州船政局学习驾驶海船。他潜心学习驾船技术，1882年以第一名的成绩毕业，同年11月被分到了“扬武”号兵舰上实习。1884年6月，法国军舰侵犯福建沿海；8月，在马尾海战中，福建海军几乎全军覆没。詹天佑也参加了这次海战，他在“扬武”号军舰上，沉着还击，直到“扬武”号被击沉，才跳下水去，在逃生过程中他还救起了许多落水的人。

京张铁路开通典礼。

1887年，中国铁路公司在天津成立，詹天佑被聘为工程师。他第一次参加修建的铁路是塘沽到天津的铁路。在修建过程中，詹天佑显示出了他非凡的才能，只用了80天时间就指挥完成了铺筑工程。

1890年，中国关内外铁路

总局计划把关内铁路延伸到关外的沈阳和吉林。当铁路铺至滦河时，由于河深水急，美、日、德三国的工程师在给桥打桩时都失败了。英国总工程师只好把詹天佑找来试试。詹天佑经过认真探测和调查，利用压气沉箱法克服了流动层厚的困难，按期完成了滦河铁路桥的全部工程。他的成功，使那些自命清高的外国工程师万分惊奇，为中国人长了志气。1894 年，英国土木工程师学会选举他为会员，他是该学会的第一位中国会员。

1902 年 10 月到 1903 年 2 月，詹天佑负责建成京汉铁路高碑店至易县梁格庄长 45 千米的西陵支线，这是第一条完全由中国人自主主持修建的铁路。

1905 年—1909 年，詹天佑又成功主持修建了中国铁道史上第一条由中国人独自设计施工的重要铁路——京张铁路。京张铁路总长不过 22 千米，但沿途横跨崇山峻岭，施工极其艰巨。当时国内外冷嘲热讽四起："能修出这条铁路的中国工程师还没出世呢！""中国人想不靠外国人自己修铁路，就算不是梦想，至少也得 50 年！"詹天佑听后非常气愤，决定用创造性的行动给予其针锋相对的回击。对厚厚的岩层，詹天佑在中国历史上第一次使用了炸药爆破开山法；在开凿号称"天险"的八达岭隧道工程中，他精心设计出从两端向中间同时开凿和中距离凿进的方法；为使列车安全地爬上八达岭，

他创造性地运用折返线原理；在山多坡陡的青龙桥地段，顺着山势设计出一段“人”字形线路，缩小了坡度。詹天佑克服了重重困难，京张铁路终于提前两年竣工，节省了许多人力和物力，也创造了铁路史上的奇迹。

1909 年 4 月，京张铁路正式通车。当天有上万名中外嘉宾到场参加典礼。在众人的欢呼声中，詹天佑发表了演说，他通过诉说工程实施的艰难，高度评价了铁路工人的贡献，给在场的人们留下了深刻的印象。

京张铁路的建成，不仅为詹天佑赢得了世界声誉，更为整个中国工程技术界在世界上取得了相应的地位。当时，有人把京张铁路与万里长城并列为中国伟大的工程，称颂其为“祖龙望而夺气”。

在那个由外国人把持中国铁路修筑权的时代，詹天佑不受外侮，独立主持修建了多条铁路，为祖国争得了众多荣誉，赢得了尊严。

1919 年，詹天佑因积劳成疾不幸病逝。中国工程师学会基于他在铁路建设上的突出贡献，特地在青龙桥建立了一尊铜像，来纪念这位杰出的爱国铁路工程师。周恩来总理曾高度评价詹天佑为“中国人的光荣”。

华罗庚

在寻求真理的长征中，惟有学习，不断地学习，勤奋地学习，有创造性地学习，才能越重山，跨峻岭。

——华罗庚

1910 年 11 月 12 日，华罗庚出生于江苏金坛县一个小商人家庭。华罗庚自幼听话孝顺，学习认真，他天资聪慧，最喜欢数学。19 岁那年，华罗庚凭着自学的数学功底看出了一位大学教授的论文有错误，写出了著名的论文《苏家驹之代数的五次方程式解法不能成立之理由》。清华大学数学系主任熊庆来教授看到这篇论文后如获至宝，立即写信邀他来清华大学数学系深造。此后，华罗庚如鱼得水，在数学的王国里自由地翱翔。1936 年，他被保送到英国剑桥大学进修，先后在美、日等国数学杂志上发表了十几篇有关数论方面的论文，引起了国际数学界的高度关注。

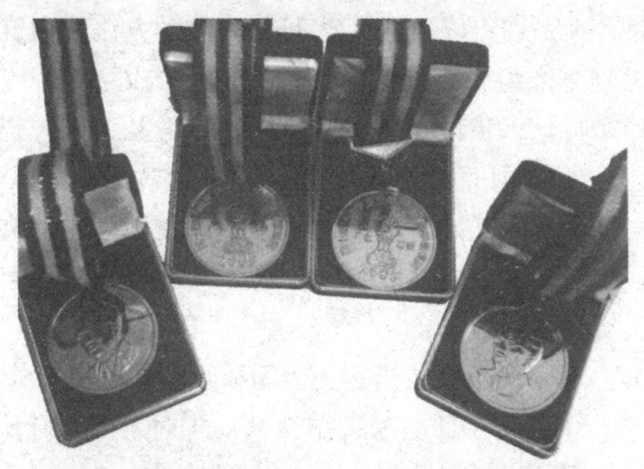

华罗庚一生获得的荣誉无数，他的名字将永远记载在史册当中，供后人敬仰。

1938 年，华罗庚回国。此时正值抗日战争时期，这位国内外负有盛名的学者，晚上在昏暗的菜油灯下进行研究工作；白天则拖着病腿外出上课，用微薄的薪水养活全家。就是在这样艰苦的条件下，华罗庚刻苦钻研，艰难地写出了名著《堆垒素数论》，成为 20 世纪的经典数论著作之一。

1950 年，华罗庚执教于清华大学数学系。在社会主义祖国，华罗庚开始了数学研究的真正黄金时期。1956 年，华罗庚的重要论文《典型域上的调和分析》荣获中科院第一批科学奖金一等奖。随后，他的《数论导引》问世。这部倾注了他多年心血的巨著，引起国内外数学界的强烈震动。另外，他和万哲先合著的《典型群》一书，在国内外引起更大的反响。

在经济困难时期，华罗庚思考着如何以数学知识为国民经济作贡献。于是，他筛选出以改进工艺问题的数学方法为内容的“优选法”和以处理生产组织管理问题为内容的“统筹法”。1964 年，华罗庚给毛泽东写信，建议在生产实践中推广两法，以便提高管理水平和效率。毛泽东回信称赞他的想法为“壮志凌云，可喜可贺”。受此巨大鼓舞，华罗庚开始将他的主要精力放在数学方法和工业的普及应用上。华罗庚是中国最早把数学理论研究和生产实践紧密结合，并作出巨大贡献的科学家。

1984 年，华罗庚以全票当选为美国科学院外籍院士。

1985 年，华罗庚在日本东京作学术报告时，因心脏病突发，不幸去世，享年 75 岁。

钱学森

不要失去信心，只要坚持不懈，就终会有成果的。

——钱学森

钱学森于1911年12月11日出生在上海的一个知识分子家庭。3岁时随家人迁居北京，自幼天资聪慧，后来进入北京师大附中学习。

1934年，钱学森进入加州理工学院学习，师从世界力学大师冯·卡门。4年后他获得了航空、数学博士学位并留校任教，从事应用力学和火箭导弹研究。1946年他首先将稀薄气体的化学、物理和力学特性结合起来进行研究。到1949年，钱学森已成为世界

钱学森是中国的“导弹之父”，世界著名的火箭专家，图为核武器爆炸所形成的蘑菇云。

公认的物理学界权威之一。

新中国成立之际，在美国的钱学森希望回到祖国贡献自己的一切力量。当时美国国内正掀起了一阵反共反华恶浪，钱学森被关在一间昏暗的单人牢房里。更令人不能忍受的是，每天晚上，看守每隔一小时就进来把他喊醒一次。钱学森得不到休息，精神上陷于极度紧张的状态。

经加州理工学院朋友们的多方努力，两周后他们以重金将钱学森保释出狱。但出狱后钱学森的工作、生活处处受到限制和监视，他与家人都曾受到迫害。但是，钱学森并没有因此被吓倒，反而更坚定了回国的决心。

1955 年，经过 5 年不屈的抗争和中国政府的严正交涉，钱学森终于冲破美国当局的重重阻挠，回到了祖国的怀抱。

1956 年，在钱学森的指导和参与下，1960 年我国成功发射第一枚仿制火箭，1964 年我国第一枚自行设计的中近程火箭飞行试验取得成功。1965 年钱学森建议制订人造卫星的研制计划被列入国家的重点项目，最终使我国第一颗人造卫星于 1970 年升入太空。钱学森也因此被誉为“中国航空之父”和“火箭之王”。

1991 年，钱学森被国务院、中央军委授予“国家杰出贡献科学家”荣誉称号。

1994 年，钱学森成为中国工程院院士。1998 年成为中国科学院和中国工程院两院的资深院士。

1999 年，中共中央、国务院、中央军委授予他“两弹一星功勋奖章”。钱学森是我国著名的核物理学家，为中国的航天事业作出了重大的贡献。

袁隆平

我毕生的追求就是让所有人远离饥饿。

——袁隆平

袁隆平1930年9月7日生于北京，他在重庆度过了中学时代，中学毕业后考入了西南农学院农学系。20世纪60年代初期，中国正处于严重的困难时期，这一切深深地刺痛了袁隆平的心，他下定决心从事人工杂交水稻的研究，以便生产出更多的粮食，解决人民的温饱问题。

袁隆平是我国杂交水稻研究的创始人，他被誉为“杂交水稻之父”“现代神农氏”。

1960年7月的一天，袁隆平像往常一样来到校园外的早稻试验田观察，偶然间发现了一株特殊的稻子：它共有10余穗，每穗约有160粒~170粒稻米。第二年，他适时地将这种独特的种子播到试验田里，结果分离变异现象十分严重，原有的优势没有发挥出来。面对这一结果，善于思考的袁隆平受到了启发。他马上想到孟德尔的遗传理论，顿悟到：那是一株“天然杂交稻”！袁隆平因此更加坚定了进行杂交水稻研究的信念。他确定自己的目标后，便开始了漫长的

探索过程。

夏季骄阳似火，正是南方水稻的扬花季节。袁隆平头顶烈日，脚踏烂泥，手拿放大镜，像猎手搜寻猎物一样，在安江农校农场的稻田里寻找水稻雄性不育植株。第一天、第二天、第三天均无收获，两手空空。直到第十四天，袁隆平才发现了第一株雄蕊退化的水稻不育株。在9个月的时间里，他前后检查了14000余个稻穗，找到了6株雄性不育株，并对它们的杂交第一代和第二代秧苗进行了研究。

在党和国家的高度重视下，1975年，由袁隆平任技术总顾问的试验田第一次获得成功，为1976年在全国大面积试种推广杂交水稻培育了大量的种植种子。

杂交水稻的研究成功，引起了国际上的瞩目，有关杂交水稻的研究在国际上开始兴起。

1979年4月，在菲律宾首都马尼拉举行的国际水稻科研会议上，一个黑瘦的中国人，面对着20多个国家的水稻育种专家，用英语侃侃而谈，大讲水稻的种植经验。这位黑瘦的中国人就是袁隆平。

当幻灯银幕上反复打出“杂交水稻之父——袁隆平”的字样和他的头像时，全场立即响起了雷鸣般的掌声，大家一齐起立，向来自中国的专家致敬。从此，“杂交水稻之父——袁隆平”的名字响彻全球。

阿基米德

给我一个支点，我就能撬动地球。

——阿基米德

公元前287年，阿基米德出生于叙拉古城的一个并不富裕的贵族家庭，父亲是天文学家兼数学家。由于受到父亲的影响，阿基米德从小就热爱学习，善于思考和辩论，对数学、天文学、古希腊几何学都兴趣浓厚。

阿基米德在许多科学领域都获得了巨大的成就。在数学领域，阿基米德被公认为微积分计算的鼻祖。他还利用此法估算出了π值，得出了三次方程的解法。他主要的数学著作有《论球体和圆柱体》《论锥体与球体》《抛物线求积》和《论螺线》。在力学领域，阿基米德的成就主要集中在静力学和流体静力学方面。在研究机械的过程中，他发现了杠杆原理。在研究浮体的过程中，他发现了浮力定律，也就是有名的阿基米德定律。他著有《论图形的平衡》《论浮

人类对浮力的应用。

体》《论杠杆》《论重心》等力学著作。另外，他率先提出重心的概念并确定了若干几何图形的重心位置。在天文学领域，阿基米德设计了一些可以转动的圆球，用来演示日食、月食现象。他认为地球是圆球状的，并围绕着太阳旋转，这比哥白尼的“日心说”要早1800年。

阿基米德热衷于将科学发现应用于实践。他一生设计、制造了许多机械，除了杠杆系统外，还有起重滑轮、灌地机、扬水机，以及军事上用的投射器等。其中被称做“阿基米德举水螺旋”的扬水机是现代螺旋泵的前身。

阿基米德又是一位伟大的爱国者，当罗马军队入侵叙拉古城时，他指导同胞制造了很多武器，如用于远距离投掷的投石机、能将敌船提起扔出的铁爪式起重机，以及利用聚光原理使敌船燃烧的大凹镜。在这些武器的帮助下，罗马人被阻长达3年之久。

阿基米德被后世的数学家尊称为“数学之神”，他是人类历史上最重要的数学家之一，同时他也是世界上第一位物理学家、应用数学家，他的发现经得起实践的考验，并不断得到发展，为后来科学的进步作出了巨大的贡献。

跷跷板原理也是由阿基米德发现的。

哥白尼

在许多问题上我的说法跟前人大不相同，但是我的知识得归功于他们，也得归功于那些最先为这门学说开辟道路的人。

——哥白尼

尼古拉·哥白尼是波兰伟大的天文学家，太阳中心说的创始人，近代天文学的奠基者。

哥白尼在少年时代就对天文学有浓厚兴趣。学校的人文主义者、数学家和天文学家布鲁楚斯基对他的影响很大，哥白尼经常向这位学者清教天文学和数学方面的问题，还学会了用天文仪器观测天象。

哥白尼离开意大利回波兰时，天空正出现罕见的星象：土星与木星“会合”了。由于教皇亚历山大误喝了谋害别人的毒酒而丧命，意大利教会趁机宣告天空将连续出现四次土

哥白尼的“日心说”建立了太阳系行星公转的最初模型。

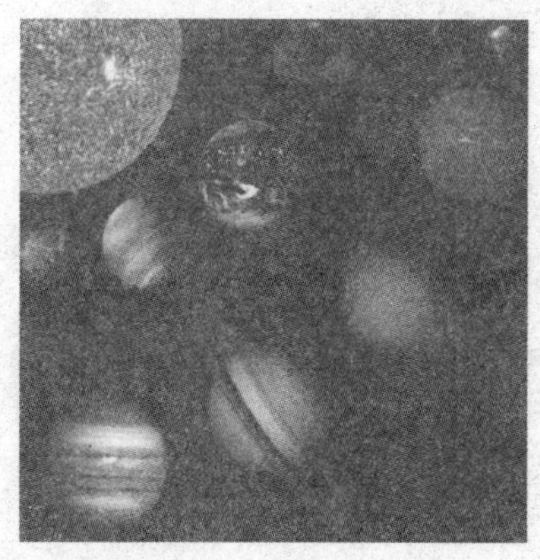
太阳系成员。

星与木星“会合”的异象，说这是上天对世人的一个严重警告。这时，哥白尼和他的朋友也在克拉夫研究两星“会合”的问题。哥白尼发现教会的说法存在数据的错误，于是他和朋友们决定各自在不同地区进行观测，以便一起来揭露教会的妄说。第四次“会合”的日期与教会所说不符，它提前了一个多月。而这恰恰和哥白尼的推算相符。

由于朋友们的不断催促，哥白尼把他的“太阳中心说”写出了一个提纲，取名叫《试论天体运行的假设》，抄送给他的几个心腹朋友，他宣布：“所有的天体都围绕着太阳运转，太阳附近就是宇宙中心的所在。地球本身一天自转一周，一年绕太阳公转一周。”

《试论天体运行的假设》是哥白尼学说的第一块基石。但由于教会对科学和进步思想的疯狂迫害，哥白尼历经数年写成的《试论天体运行的假设》要想出版却困难重重。

哥白尼的唯一门生德国威滕堡大学的数学家列提克和他的朋友铁德曼·吉哲都热心帮助他出版。1541 年秋，列提克把哥白尼的手稿送往纽伦堡出版。由于列提克坚信哥白尼的学说而受到教会的迫害，因此，他不得不背井离乡以逃避教会的追捕。临走之前，他委托自己的朋友路德派牧师奥塞安德尔代他出版哥白尼的著作。然而，这位牧师在梅兰赫东的指使下，篡改了哥白尼的原意。

1543 年，当这本书印好并送到弗隆堡时，哥白尼已生命垂危。他的眼睛已经失明，只用手痉挛地抓住书本摸了摸，就与世长辞了。

哥白尼的成就不仅仅在于他给世人提供了著名学说，重要的是他冲破了世俗教会压制下的人类思想牢笼，从此使真正意义上的科学发现层出不穷……

伽利略

《圣经》是教人如何进天国，而不是教人知道天体是如何运转的。

——伽利略

伽利略于1564年2月15日出生在意大利西部海岸比萨城的一个没落贵族家庭，从小受到了良好的家庭教育。他自幼聪明好问，8岁开始上学，功课优异，表现出极强的观察能力与动手能力。

伽利略在25岁时被比萨大学聘为数学教授。1590年，伽利略在比萨斜塔公开作了落体试验，验证了亚里士多德的说法是错误的。而伽利略却因此而受到一些著名学者的攻击。1591年，伽利略被比萨大学解聘。伽利略离开比萨大学后，于1592年去威尼斯的帕

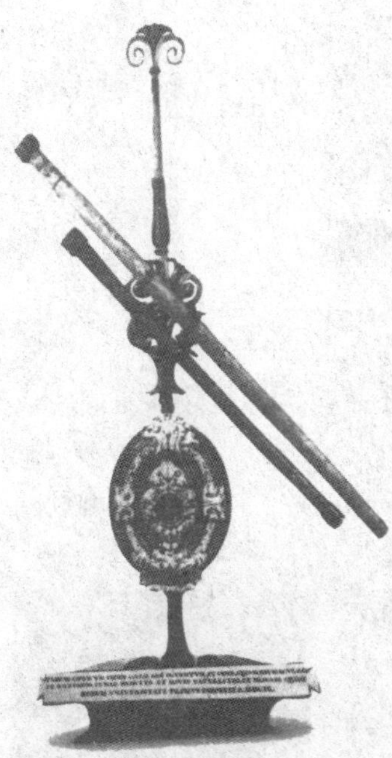
伽利略发明了最早的天文望远镜。

多瓦大学任教，一直到1610年。这一段时期是伽利略从事科学研究的黄金时期。在这里，他在力学、天文学等各方面都取得了累累硕果。

伽利略在佛罗伦萨的宫廷里进行科学研究，但是他的天文发现以及他的天文学著作明显地体现出了哥白尼日心说的观点。因此，伽利略开始受到教会的注意。1616年开始，伽利略受到了罗马宗教裁判所长达20多年的残酷迫害。

伽利略的晚年生活极其悲惨，照料他的女儿赛丽斯特竟然先于他离开人世。失去爱女的过度悲伤，使伽利略双目失明。即使在这样的遭遇下，他依然没有放弃自己的科学研究工作。1636年，伽利略在监禁中偷偷地完成了他一生中另一部伟大的著作——《关于两种新科学的对话》。这部著作是以三人对话形式写成的，书中的“第一天”是关于固体材料强度的问题，反驳了亚里士多德关于落体的速度依赖于重量的观点；“第二天”是关于内聚作用的原因，讨论了杠杆原理的证明及梁的强度问题；“第三天”讨论了匀速运动和自然加速运动；“第四天”是关于抛物体运动的讨论。这就从根本上否定了亚里士多德的运动学说。

1642年1月8日凌晨4时，伟大的伽利略——为科学、真理奋斗一生的战士、科学巨人患热病离开了人世，享年78岁。

伽里列奥·伽利略是意大利文艺复兴后期伟大的天文学家、物理学家、力学家和哲学家，也是近代试验科学的奠基人之一。他是为维护真理而进行不屈不挠战斗的战士。恩格斯称他为“不管有何障碍，都能不顾一切而打破旧说，创立新说的巨人之一”。弥留之际，伽利略还重复着这样一句话：“追求科学需要特殊的勇气。”

牛　顿

真理的大海，让未发现的一切事物躺卧在我的眼前，任我去探寻。

——牛顿

牛顿于1643年1月4日出生在英国伦敦林肯郡的一个农民家庭。牛顿自幼沉默寡言，性格倔犟，少年时代就喜欢动脑筋摆弄小机械，表现出手工制作机械方面的才能。

牛顿在中学时代学习成绩并不出众，但是非常喜欢读书，对自然现象充满好奇心，他分门别类地记读书心得笔记，又喜欢搞些小工具、小发明、小试验。1661年，牛顿以减费生的身份进入剑桥大学三一学院，1664年获得奖学金，1665年获学士学位。一位叫做巴罗的学者发现牛顿是个人才，举荐他为研究生，把牛顿引向了自然科学的王国。1665年，伦敦瘟疫流行，剑桥停课，牛顿回到了故乡。

1665年—1666年，牛顿认真总结了前人的科学研究方法并加以运用，创立了二项式定理，发现了微积分，用三棱镜把白光分解成七色光并确定了每种颜色光的折射率，他还继承了笛卡儿把地上的力学应用于天体现象的想法来探索行星椭圆轨道问题，试图把苹果落地与月亮绕地球公转联系起来。1667年，牛顿重返剑桥大学，在巴罗教授的指导下继续从事科学研究工作。1669年，巴罗教授推荐他担任“卢卡斯数学讲

图为牛顿画像。

座”教授，26岁的牛顿担任此职一直到53岁。1672年，他被接纳为英国皇家学会会员。1687年，《自然哲学的数学原理》这一划时代的著作问世，该书以牛顿的三大运动定律和万有引力定律为基础，建立了完美的力学理论体系，说明了当时人们所能理解的一切力学现象，解决了行星运动、落体运动、振子运动、微粒运动、声音和波、潮涨潮落，以及地球的扁圆形状等各式各样的问题。在以后的200多年中，再也没有人补充任何本质上的东西，直到20世纪量子论和相对论的出现，才使力学的范畴扩大。牛顿的学说为唯物主义哲学、文学艺术的健康发展提供了坚实的基础。

1727年3月30日，84岁的牛顿出席皇家学会例会后，突然发病，回到家中后，于3月31日拂晓前与世长辞。他的临终遗言是："我不知道世上的人对我怎样评价。我却这样认为，我好像是在海滨上玩耍的孩子，时而拾到几块晶莹的石子，时而拾到几个美丽的贝壳，并为之欢欣。那浩瀚的真理的海洋却仍无限地展现在我的面前。"

富兰克林

诚实和勤勉，应该成为你永久的伴侣。

——富兰克林

当人们还不知道电是什么时，富兰克林就对它产生了浓厚的兴趣。经过一系列电学实验，诸如人们早已熟知的雷雨里的风筝取电实验等，他将不同状态下的电称为“正电（+）”和“负电（-）”，提出了电学中的“一流论”，在大气电学等方面揭示了雷电现象的本质，因此他被人们誉为“第二个普罗米修斯”。

富兰克林一生热衷于科学研究，把科学研究与实际生活结合起来。即使在晚年，他仍致力于研究改进航海技术，研究水声学，并写下了论北极光性质的文章。他的科学发明大大地促进了当时北美各殖民地的科学文化发展，为人类作出了巨大的贡献。

富兰克林生活坎坷，幼时家境贫寒，他一生只在学校读了两年书，他的成就的取得完全凭借刻苦的自学。12 岁时，他到哥哥詹姆士经营的小印刷所，当了五六年的印刷工人。他利用工作之便，结识了几家书店的学徒，将书店的书在晚间借来，通宵达旦地阅读，第二天清晨归还。

本杰明·富兰克林，是 18 世纪美国最伟大的科学家和发明家，著名的政治家、外交家、哲学家、文学家、航海家，以及美国独立战争的伟大领袖。

1723 年，富兰克林离开了波士顿，先后在费城和伦敦的印刷厂当工人。1726 年回到费城后，他已经掌握了精湛的印刷技术，开始独立经营印刷所。1730年他创办了《宾夕法尼亚报》，还在费城和几个青年创办了“共读社”进行自学。经过一年的努力，在1731年创办了北美的第一个巡回图书馆。1776年，已经70岁的富兰克林出使法国，赢得了法国和欧洲人民对北美独立战争的支援。在他1785年回国前夕，路易十六把四周嵌满珍珠的自己的肖像赠给他，以表彰他在外交上的杰出成就。

晚年的富兰克林参与到反对奴役黑人的运动中，积极主张废除奴隶制度，赢得了各种族人民的尊敬。

1790年4月17日夜里11时，富兰克林溘然长逝，享年84岁。

富兰克林的一生中对人类的贡献颇多，他是美利坚合众国的创始人之一；他是第一个在纯科学领域中享有国际声誉的美国科学家，是美国电学研究的先驱。然而他生前威名显赫，死后的墓碑上只刻着这样几个字：印刷工富兰克林。

富兰克林就读过的哈佛大学。

瓦 特

最好是把真理比做燧石——它受到的敲打越厉害，发射出的光辉就越灿烂。

——瓦特

瓦特于1736年1月19日出生在英国格林诺克城的一个造船匠家庭，从小母亲教给了瓦特语文和数学知识，鼓励他玩各种玩具和小机械，培养他观察思考问题和动手实践的能力。

瓦特小时候经常到姨妈家去玩。一次，壶里的水开了，蒸汽把壶盖冲得“啪啪”作响，从壶嘴里冒出白雾。瓦特对此产生了兴趣，回家后，瓦特便开始寻找壶盖跳动的原因。

1757年，瓦特到格拉斯哥大学当修造教学仪器的工人。他在那里与化学家约瑟夫·布莱克和以后成为物理学教授的约翰·鲁滨逊成为好友，他们三人经常聚在一起，讨论研究改进蒸汽机的问题，瓦特从中学到了不少科学理论知识。

1764年，瓦特受委托修理一台纽可门蒸汽机，机器很快就被修好了，但瓦特并不满足，决心进一步改进它。于是，他与一个叫约翰·巴罗克的工厂主合伙，经过3年多反复试验，终于在1768年制造出了真正能够运转的蒸汽机。1769年，他获得了发明专利。

1781年，瓦特提出5种将往复运动转变成旋转运动的方法，其中最有名的“行星齿轮结构”在后来的工业生产中得到广泛应用；

1782 年，瓦特获得了“双动作蒸汽机”的专利；1784 年，瓦特在他的新专利中又提出了“平行连杆结构”的概念，使蒸汽机具有了更广泛的实用性。1788 年，他又发明了离心调速器和节气阀；1790 年，完成了汽缸示功器的发明。至此，瓦特完成了蒸汽机发明的全过程。

瓦特对蒸汽机的改进和发明是第一次工业革命中划时代的重大事件。蒸汽机的广泛应用，使人类获得了空前强劲的、可被人类控制的动力资源，对社会经济的跨越性发展起了关键性作用。1807 年，美国人富尔顿把瓦特的蒸汽机装在轮船上，宣告了航运帆船时代的终结。1814 年，英国人斯蒂芬孙把瓦特的蒸汽机装在火车上，开始了陆路运输的新时代。瓦特的成就得到了人们的高度肯定。1819 年 8 月 25 日，瓦特在家中安然去世，享年 83 岁。后人为了纪念他的伟大发明，把功率计算单位称为“瓦特”。他的名字将永远载入人类科学的史册。

瓦特发明新型蒸汽机开创了工业新时代。

法拉第

拼命去取得成功，但不要期望一定会成功。

——法拉第

1791 年 9 月 22 日，法拉第出生于英国伦敦的一个铁匠家庭。13 岁时，他便到一家文具店打杂，因为做事认真，很快便成为订书学徒。他对读书有着浓厚的兴趣。他最感兴趣的是《大英百科全书》里讲的放电现象，于是自己也尝试着去作试验。他自己装备起一个简陋的实验室，购买简单的实验用品，如痴如醉地研究，乐此不疲。

1812 年的一天，店里的一位顾客送给法拉第一张皇家学术演讲会的门票，主讲人是当时著名的科学家、伦敦皇家学院的化学教授戴维。在听完了戴维的演讲后，法拉第带着听演讲时做的笔记拜见了戴维，请求他给自己一份实验室的工作。不久，他被戴维聘为助手。1813 年，戴维夫妇去欧洲大陆游历，法拉第作为秘书随行。法拉第在这次旅行中见到了安培、伏特等许多著名的科学家，深受他们的影响。

在 1830 年以前，法拉第在化学方面成绩显著，那时他已成为很有成就的专业分析化学和实验顾问，他把自己的丰富经验总结为一本 600 多页的巨著《化学实验操作指南》，并于 1827 年出版。法拉第成就最突出的时期是在 1830 年至 1839 年，他为现代电学的发现作出

了杰出贡献。1831 年年底，经过 10 年的冥思苦想，法拉第正确阐释了电的本质，提出了电磁感应定律，并发明了一种电磁电流发生器，即最原始的发电机，从而奠定了未来电力工业的基础。法拉第也是电磁场理论的奠基人。爱因斯坦曾指出，场的思想是法拉第最富有创造性的思想，是自牛顿以来最重要的发现，麦克斯韦正是继承和发展了法拉第的场的思想，为之找到了完美的数学表达形式，从而建立了电磁场理论。在电与磁的统一性被证实之后，法拉第决心寻找光与电磁现象的联系。1839 年法拉第在养病期间成功地液化了几种气体。1843 年，他证明了电荷守恒定律；次年，又提出了光的磁场概念；同年，他还发现了物质的顺磁性和抗磁性。1846 年，他发表了《关于光振动的想法》一文，最早提出了光的电磁本质的思想。

1867 年 8 月 25 日，法拉第逝世，享年 76 岁。亲人按照他的遗愿为他举行了简单的葬礼。这位科学家平静地离开了人世，离开了他所热爱的科学事业。

法拉第发明的早期发电机。

达尔文

能够存活下来的不是最强大的物种，也不是最聪明的物种，而是对变化作出最快响应的物种。

——达尔文

达尔文于 1809 年 2 月 12 日出生在英国什鲁斯伯里的一个医生家庭。达尔文从小就热爱大自然，喜欢仔细观察各种动植物并采集标本。

18 岁时，他转往剑桥大学学习神学，在剑桥的 3 年里，达尔文与地质学教授塞奇威克和植物学教授亨斯罗结识，更加热衷于对自然界的观察和研究。当读了洪堡的《新大陆热带地区旅行记》和赫胥黎的《自然哲学导言》之后，他便立志要投身于自然科学的研究。

1831 年，达尔文大学毕业后经亨斯罗推荐，以博物学家的身份参加了英国政府组织的“贝格尔”号军舰的环球考察，从此开始了漫长而又艰苦的环球考察活动。达尔文每到一处都要进行认真的考察研究，采访当地的居民，采集矿物和动植物标本，挖掘生物化石，收集没有记载的新物种，积累了大量资料、在考察过程中，达尔文敏锐地觉察到物种在不同地区的变化状况，逐渐对《圣经》中“创世纪”的人类起源说产生了怀疑，并萌生了生物进化论的思想。1836 年 10 月，达尔文结束了环球考察。回到英国后，达尔文集中整理了考察

达尔文全名为查尔斯·罗伯特·达尔文，是英国生物学家，进化论的奠基人，图为达尔文的雕像。

日记和采集的标本，同时参与培养动物新品种实验和杂交实验，开始为他的生物进化理论寻找根据。

1859年11月，达尔文经过二十多年苦心研究写成的科学巨著《物种起源》正式出版。它以充分的事实证明了“物种不是不变的”“一切生物都不是特殊的创造物”，推测了人类的起源，并提出了自然选择学说来解释生物的进化。这部著作第一次把生物学建立在完全科学的基础上，推翻了神创论和物种不变的理论，标志着进化论的正式确立。随后，达尔文又开始写他的第二部巨著《动物和植物在家养下的变异》，进一步阐述了他的进化论观点，提出物种的变异和遗传、生物的生存斗争和自然选择的重要论点，并很快出版了这部巨著。

《物种起源》在学术界和社会上引起了巨大轰动，达尔文也迅速誉满全球。1878年，他被选为法国科学院植物学部通讯院士，同年又被选为柏林科学院的通讯院士。

1882年4月19日，达尔文在家中病逝，享年73岁。达尔文的理论对人类历史的发展产生了巨大的影响。

诺贝尔

生命，那是自然给予人类去雕琢的宝石。

——诺贝尔

阿尔弗雷德·诺贝尔于1833年出生在瑞典首都斯德哥尔摩的一个机械师家庭。1842年，因他的父亲伊曼纽尔在圣彼得堡开设了一家生产地雷和水雷的工厂，诺贝尔的全家也随之迁往了圣彼得堡。

在16岁那年，诺贝尔到法国巴黎求学。随后，他又在父亲的支持下，来到纽约，跟一位工程师学习机械制造及一些化学知识。在这里，诺贝尔被科学深深地吸引，并树立了献身科学事业的崇高信念。4年后，诺贝尔回到了圣彼得堡，加入到父亲和哥哥们的工作中。同时诺贝

阿尔弗雷德·伯纳德·诺贝尔是瑞典化学家、工程师、发明家、军工装备制造商和炸药的发明者，是诺贝尔奖的创始人。

尔又积极地研究威力更强大的火药，以取代父亲发明的水雷。

他了解到意大利的索布雷罗发明的硝化甘油爆炸力很强，但因为在试验中发生了大爆炸而放弃了研究，于是他便开始深入研究硝化甘油。这是一项极其危险的研究工作。他的弟弟爱弥尔和许多人都在进行实验时丧命，他和父亲偶然外出，才躲过了一场灾难。一时间硝化甘油变成了使人谈虎色变的“怪物”。其实，硝化甘油用途的重要性在当时已十分明显，建铁路、修运河、采矿石、开隧道都可派上用场。诺贝尔深知自己的研究与发明的重要性，为了提高炸药的安全性能，减少意外爆炸事故的发生，他在提高炸药威力的同时，注意提高炸药的安全系数。终于在1875年，他发明了明胶炸药，不仅提高了炸药的威力，同时也大大提高了炸药的安全系数。因他的杰出贡献，瑞典科学院授予了他莱阿斯蒂特奖金。

诺贝尔一生获得的专利多达三百多种，包括防爆锅炉、自动闸、火箭发射法、电话及电池的改良等等，其中最著名的就是炸药。

诺贝尔一生厌恶战争，向往和平，但他发明的炸药却使成千上万的人在战争中丧命，为此他决定设立和平奖金。

1895年11月27日，他立下了世界上最具影响力的遗嘱：“我献出我的全部财产，以它的利息设立5个奖项：物理学奖、化学奖、生理学和医学奖、文学奖、和平奖。上述各奖项希望授予最适当的人，国别不限。”从此，这项超越国籍的诺贝尔奖成为了世界上最权威、最具影响力的国际大奖。1896年12月10日，诺贝尔逝世，终年63岁。诺贝尔的名字和他在科学探索中取得的成就永远留在了人类社会发展的文明史册上，并闪耀着炫目的光辉。

门捷列夫

天才就是这样，终生努力，便成天才。

——门捷列夫

门捷列夫凭借着元素周期律成为了近现代化学界的“教父”，他将自然界所有可知元素进行了系统的分类列表，为化学研究的进步贡献了力量。

1834 年 2 月 7 日门捷列夫生于西伯利亚托博尔斯克市。门捷列夫刻苦学习的态度、钻研的毅力以及渊博的知识得到了老师们的赞赏，彼得堡大学破格任命他为化学讲师，当时他仅 22 岁。在彼得堡大学，门捷列夫任教的两门课程是理论化学和有机化学。1859 年，他获准去德国海德堡实验室进行深造。留德期间，门捷列夫参加了在德国卡尔斯鲁厄举行的第一届国际化学家会议。会上各国化学家的发言给门捷列夫以重要启迪，特别是康迈查罗的发言。这次会议对于他的化学研究生涯至关重要。从此他有了明确的科研目标，并为此付出了艰辛的劳动。

门捷列夫是 19 世纪俄国著名化学家，他发现了元素周期律，并就此发表了世界上第一份元素周期表。

归国后，门捷列夫对 283 种物质逐个进行分析测定，这使他对许多物质和元素的性质有了更直观的认识。他重新测定了一些元素的原子量，因而对元素的基本特征有了深刻的了解。他紧紧抓住原子量与元素性质之间的

关系这一突破口，反复测试和不断思索。他在每张卡片上写出一种元素的名称、原子量、化合物的化学式和主要的性质，并反复排列这些卡片，终于发现每一行元素的性质都在按原子量的增大，从小到大地逐渐变化。元素周期律的发现激起了人们发现新元素和研究无机化学理论的热潮，元素周期律的发现在化学发展史上是一座重要的里程碑，它把几百年来关于各种元素的大量知识系统化，形成了一个有内在联系的统一体系，进而使之上升为理论。除此之外，门捷列夫还研究了气象学、石油冶炼加工、气体定律、农业化学、无烟火药等，并且在这些领域也有所成就。

然而由于门捷列夫所处时代的局限性，他所发现的元素周期律并不是完整无缺的。他的元素周期律经过后人的不断完善和发展，在人类认识自然、改造自然、征服自然的过程中，将发挥越来越重要的作用……

1907 年 2 月 2 日，这位俄国历史上最伟大的化学家因心肌梗死与世长辞，而他所享有的声誉将永垂青史。

爱迪生

天才，那就是一分灵感加上九十九分汗水。

——爱迪生

1847年2月11日爱迪生出生在美国俄亥俄州的迈兰镇。他从小就对事物充满着好奇心，对生活中的每一件事情都喜欢寻根究底。

8岁时，爱迪生上学，只读了3个月的书就被老师斥以“低能儿”而撵出了校门。原因是爱迪生经常问一些令老师很为难的问题，比如，2加2为什么会等于4？他的问题难倒了老师，可老师教的功课，他是一点也不理解，只好被母亲领回了家里亲自教育。

此后，母亲成了爱迪生的老师。在母亲的引导下，他迷上了读书，阅读了莎士比亚、狄更斯的著作和许多重要的历史书籍。9岁时，他便开始阅读难度较大的书，如柏克的《自然与实验哲学》，从中他学到了许多知识。12岁那年，他开始在列车上当报童，并在车上租了一个小房间，购买了一些化学用品，便开始在火车上的工作室里做实验。有一次化学药品着了火，他的设备被恼怒的列

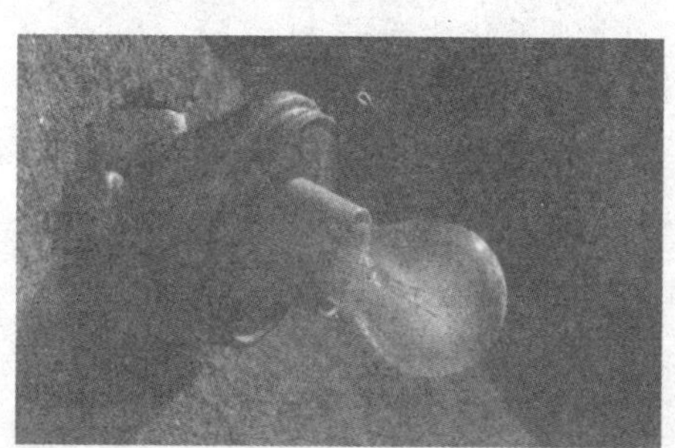

爱迪生是举世闻名的美国电学家和发明家，被誉为“世界发明大王”。他除了在留声机、电灯、电话、电报、电影等方面的发明和贡献以外，在矿业、建筑业、化工等领域也有不少著名的创造和真知灼见。爱迪生一生共有约两千项创造发明，为人类的文明和进步作出了巨大的贡献。

1892年，爱迪生创办了通用电器公司，开始了通用电器在电器领域长达一个世纪的统治地位，将人类带入了电器时代。

车员扔出了窗外，而他本人也因此挨了列车员的耳光，一只耳朵被打聋。15 岁那年，爱迪生在火车道旁救了一个站长的小孩，为表示感谢，站长把铁路电报技术教给了他，并推荐他在铁路公司当电报生。

1869 年，爱迪生来到纽约，靠自己娴熟的技术在一家通信所当了一名电报员。不久，他就发明了一种新式电报机。他的这一发明极大地促进了现代电报业的发展，“青年发明家爱迪生”的美名也迅速传遍了全国。1876 年，爱迪生在纽约附近的门罗公园创立了一家大规模的实验工厂。他改进了贝尔发明的电话，并使之投入实际应用；还先后发明了留声机、电灯、电影放映机等。他的公司在 1903 年摄制了第一部故事片《列车抢劫》。之后，爱迪生又创办了许多商业性公司，这些公司后来合并为爱迪生通用电气公司，后又称为通用电气公司。他还发明了碱性电池、有声电影，找到了化工新材料橡胶。从 1869 年到 1910 年的 41 年间，爱迪生一共获得了 1328 项发明专利，平均每 10 天就有一项新发明问世。

1931 年 10 月 18 日，爱迪生因病逝世，享年 84 岁。在举行葬礼的那天，全美国熄灯一分钟，以示哀悼。人们用这样的方式表达了对爱迪生的怀念之情，同时这也是人们敬献给这位全球最有影响力的发明家的无声的礼赞。

莱特兄弟

只有鹦鹉才喋喋不休，但它永远也飞不高。

——莱特兄弟

威尔伯于1867年出生，而奥维尔是在4年之后才来到人世，虽然相隔几年，但两兄弟却有着共同的兴趣和爱好。兄弟俩只读了几年书就中途辍学了，起初两人开了家印刷社，后来出于对机械制造的兴趣，他们开了一家自行车行，这为他们以后从事飞机的发明工作积累了资金和技术经验。有一年圣诞节，他们的父亲送给他们一个可以飞的螺旋式玩具，这引起了莱特兄弟的极大兴趣，在他们的印象中，只有鸟儿才可以飞上天。兄弟俩产生了一个愿望，想制造出一种能够高高飞上天的机器，这个愿望一直影响了他们的一生。

1899年8月，这两个年轻人开始着手制造他们的第一架飞机：一架双翼风筝式飞机。这架滑翔机在1900年被制成，并被运往北卡罗来纳海岸的基蒂霍克进行试验。兄弟俩用了一个星期的时间把滑翔机装好，先把它系上绳索，然后由威尔伯坐上去进行试飞，但只飞了一米多高。第二年，兄弟俩经过多次改进，又制成了一架滑翔机，这次飞行的高度达到了180米。莱特兄弟开始考虑飞机的动力问题，他们想到了汽车的发动机。一名制造发动机的工程师专门为莱特兄弟造出一部12马力、重量只有70千克的汽油发动机。经过无数次的试验，他们终

莱特兄弟和他们的飞机。

于把发动机安装在了滑翔机上，并在滑翔机上安上了螺旋桨。

带有螺旋桨的飞机再次给莱特兄弟带来了麻烦，但成功终究属于这一对不畏困难、坚持不懈的“飞人”兄弟。12月17日，莱特兄弟试飞，驾驶员是奥维尔。飞机起飞后，一下子升到三米多高，随即水平地向前飞去。飞机飞行了36.6米，历时12秒，然后稳稳地着陆了。同一天，又接着飞了3次，其中一次飞了259.75米，持续了59秒。这是人类历史上第一次驾驶飞机飞行成功。

1903年12月17日，世界上第架载人动力飞机在美国北卡罗来纳州的基蒂霍克飞上了蓝天。莱特兄弟的第一次有动力的持续飞行，实现了人类渴望已久的梦想，人类的飞行时代从此拉开了帷幕。

1908年9月10日，莱特兄弟终于向世人展示了他们的空中飞行。奥维尔驾驶着他们的飞机，在一片欢呼声中，自由自在地飞向天空。

1912年，威尔伯因病逝世，享年45岁。1948年，奥维尔逝世，享年77岁。莱特兄弟孜孜不倦地从事飞行与研究，实现了人类的飞翔梦想，是现代航空科学的先驱。

居里夫人

我的最高原则：不论遇到什么困难，都决不屈服。

——居里夫人

玛丽·居里是世界著名的科学家，主要研究放射性现象，发现了镭和钋两种天然放射性元素，一生两获诺贝尔奖，被人称为“镭的母亲”。

1867年11月7日，玛丽亚出生于波兰的一个知识分子家庭，在家庭的影响下，她自幼聪明好学，对物理现象有着浓厚的兴趣。

1891年的冬天，玛丽亚只身一人进入巴黎大学理学院学习，她每天上课都来得很早，总是坐在教室的第一排，全神贯注地倾听教授讲解。下课之后，除吃饭之外，不是到实验室做实验，就是到图书馆看书。功夫不负有心人，不久她便成为全班最优秀的学生。1895年，玛丽亚和比埃尔结婚以后，人们称玛丽亚为居里夫人。就在这一年，德国科学家伦琴发现了一种能透过固体物质的X光射线。第二年，法国物理学家贝可勒尔又发现铀矿物能放射出一种与X光线相似的奇妙的射线。这种奇妙的射线，使玛丽亚产生了浓厚的兴趣。她认为，这是个绝好的研究课题。于是，她同丈夫比埃尔在艰苦的条件下开始了认真、细致的研究。

在研究过程中，她发现能放射出那种奇怪光线的不但有铀，还有钋，并且贝可勒尔所发现的光线要比铀放射的光线强得多。因此，

她进行了大胆的判断：还有一种物质能够放射光线，这种新的物质，只是极少量地存在于矿物之中。居里夫人把它命名为“镭”，因为在拉丁文中，它的原意就是“放射”。

经过三年多的艰苦工作，居里夫妇终于在1902年提炼出0.1克镭，接着她又初步测定了镭的原子量。他们发现这种元素的放射性要比铀强200万倍，因而不用借助任何外力，就会自然发光发热。

镭的发现，引起了科学乃至哲学界的巨大变革，为人类探索原子世界的奥秘翻开了新的一页。正是因为居里夫妇对科学革命具有突出的贡献，1903年，他们获得了诺贝尔物理学奖。居里夫妇拒绝为他们的任何发现申请专利，为的是让每个人都能自由地利用他们的成果。他们把诺贝尔奖的奖金都用到了之后的研究上。他们把镭应用于医学，用它来治疗癌症，为医学的进步和人类社会的发展而一直不懈努力。1906年4月19日，比埃尔因车祸逝世，居里夫人忍痛继续研究，1911年她再次荣获诺贝尔化学奖。

1934年7月4日，原子时代的先驱、镭的“母亲”——居里夫人与世长辞。但人们永远不会忘记这位镭的“母亲”。

爱因斯坦

用一个大圆圈代表我所学到的知识，但是圆圈之外是那么多的空白，对我来说就意味着无知。

——爱因斯坦

爱因斯坦于 1879 年 3 月 14 日出生在德国南部古老的小城乌尔姆。到了四五岁时，爱因斯坦还不会说话。有一次，父亲送给他一个指南针，爱因斯坦非常好奇，激动得浑身发抖，从此对科学产生了极大的兴趣。在老师的眼里，爱因斯坦被认为将一事无成。然而谁又能想到，就是这样一个不被人看好的孩子，日后成了一位举世闻名的大科学家。

阿尔伯特爱因斯坦，举世闻名的德裔美国科学家，现代物理学的开创者和奠基人，相对论、“质能关系”的提出者，“决定论量子力学诠释”的捍卫者。

作为科学家，爱因斯坦也有幽默的一面。

一次，维恩教授的学生劳布在他的论文中也提到了相对论，可教授不同意他的观点，叫他去找爱因斯坦。碰巧爱因斯坦一个人在家，他正跪在地上生炉子。见到来客，他扔下捅火棒，伸出了两只乌黑的手。爱因斯坦没有觉察到客人的迟疑，就把两只乌黑的手和客人两只雪白的手握在了一起。爱因斯坦用手背擦了一下被煤炭灰染黑了的额头，笑着说：“你看，我和人谈辐射，可是这个懒惰炉子，却怎么也辐射不出热来。”

1905 年，爱因斯坦发表了题为《论动体的电动力学》的论文，

完整地提出了狭义相对论，这在很大程度上解决了19世纪末出现的经典物理学危机，推动了整个物理学理论的革命。1915年他又发表了广义相对论，从而使科学研究的范围从微观世界过渡到无限大的宏观世界。1916年，爱因斯坦完成了总结性的论著《广义相对论的基础》，此书被称为是20世纪理论物理学的巅峰之作。

1919年，爱因斯坦的相对论被英国剑桥大学著名天文学教授爱丁顿通过观测日全食而验证。爱因斯坦一夜之间成了世界名人。他在世界各国巡回演讲，成为备受欢迎的巡回大使。在波士顿，有人问他："声音在空气中的传播速度是多大?"爱因斯坦用手托住下巴，直率地说："很对不起，我不记得了。不过，干吗要去记它呢？随便哪一本物理参考书都能找到这个数字。"

1955年4月18日，这位20世纪最伟大的科学家在睡梦中与世长辞，享年76岁。

爱因斯坦的狭义相对论成功地揭示了能量与质量之间的关系。而他的广义相对论则对天体物理学、特别是理论天体物理学有很大的影响。

霍 金

当你面临着夭折的可能性，你就会意识到，生命是宝贵的，你有大量的事情要做。

——斯蒂芬·霍金

霍金是被科学界公认的继爱因斯坦之后最伟大的理论物理学家，他的黑洞理论正逐步揭开有关宇宙的许多谜团。

斯蒂芬·霍金于 1942 年 1 月 8 日出生在英国牛津。20 世纪 60 年代初期，霍金患上了罕见的肌肉萎缩性侧索硬化症，这是一种无法治愈的退化性疾病。疾病将他困在轮椅上，妨碍了他以直接简便的方式从事写作和计算，他的大部分工作，包括复杂的运算、艰难的数学证明，以及新概念的产生都纯粹是在他的大脑中完成的。这对于一个物理学家来讲，简直就是奇迹。

命运不断摧残着不幸的霍金，到后来霍金全身能动的只有右手的 3 根手指，没有人知道他的 3 根手指什么时候会失灵，也没有人知道他的病什么时候会把他带离人世。

斯蒂芬·威廉·霍金，英国剑桥大学应用数学及理论物理学系教授，当代最重要的广义相对论和宇宙论家，被称为在世的最伟大的科学家，还被称为“宇宙之王”。

1974 年，霍金取得了他最激动人心的成果，这一成果连他自己都感到有点难以置信。他发现黑洞并不“黑”，而在以稳定的速率向外发射粒子，他从数学上反复证实了这个结果，还提出了一个能产生这一效应的物理学上的量子过程。

当时许多人认为，黑洞是处于死亡阶段的恒星，那里的引力大得使任何物质甚至光子都被吸住而跑不出来，因而人们无法直接观测到它的存在。霍金一反这个传统看法，他建立了著名的微型黑洞爆炸理论。据说，在建立这个构思宏伟、见地独到的新理论时，霍金经常沉思默想、茶饭不思，连女儿出世也无暇顾及。他身在轮椅里，思想却无时无刻不在广袤无垠的宇宙中驰骋。

霍金的微型黑洞爆炸理论，对黑洞物理学的发展起了重大的推动作用，它改变了人们对宇宙的看法，为人们提供了解决宇宙源于何时这一难题的线索。它的发表，立即轰动了科学界，霍金随之名声大震，他被誉为是当今世界上继爱因斯坦之后最杰出的理论物理学家。

霍金是上天赠给人类最美好的礼物，然而，他却承受了人类最为不幸的灾难。霍金的伟大不仅在于他知识上的广博，还在于他坚强的性格，这是他献给人类的一笔无形的精神财富。

霍金证明了黑洞的面积定理，即随着时间的增加黑洞的面积不减。并指出了黑洞和大爆炸奇点的不可避免性，发现了黑洞辐射及其量子效应。

文学泰斗

WENXUE TAIDOU

屈 原

路漫漫其修远兮，吾将上下而求索。

——屈原

屈原出生于楚国的一个贵族家庭，自幼受过良好的家庭教育。少年屈原不仅才华横溢，口才也非常好，二十多岁时他就做了楚怀王的左徒，后来，又任三闾大夫的官职，在楚国政治舞台上是一个非常杰出的人才，一度是楚国内政外交的关键人物。但是，由于小人陷害，屈原一生曾遭到楚王的两次放逐，度过了二十多年的流浪生活。

公元前278年，秦军攻占楚国都城郢，在绝望中，屈原深感政治理想无法实现，便来到了汨罗江边，投江殉国，终年62岁。

屈原还是一位伟大的文学家，他继承了中国古代南方文化的优良传统，并在其基础上创立了“楚辞文体”，形成了中国文学史上最早的浪漫主义文学流派。《楚辞》和《诗经》一起构成了中国诗歌的两大源头，在中国文学史上占有极其重要的地位，对后世文学也产生了极大的影响。

屈原的作品现存的有《离骚》《九歌》《天问》等25篇，其中最重要的作品《离骚》是屈原第一次被流

放时所作。全诗 370 多句，2400 余字。屈原的作品有着浓厚的地域文化色彩和独特的艺术风格，他大胆地使用浪漫主义手法，运用神话传说，展开丰富的想象，抒发了自己奔放的情感和对美好理想的追求，表达了自己的政治理想以及对腐败的统治者的不满和对人民疾苦的深切同情与关怀。在反映现实矛盾，抒发内心感情时，他继承并发扬了《诗经》的传统，巧妙地使用比兴手法，委婉而深入地表述自己的观点。

阅读屈原的作品可以感受到诗人伟大的人格和高尚的情操，他以国家兴亡为己任，追求“举贤荐能、修明法度”的政治理想。在《离骚》中，屈原对贵族统治集团争权夺利、贪婪嫉妒、仗势欺人、蔑视法度等腐朽现象进行了无情的揭露。屈原耿直的性格和他那国家利益高于一切的爱国情操在《离骚》中得到了充分的体现。

在《天问》中，屈原从自然、历史、社会等方面，一连提出 170 多个问题，表达了他的宇宙观以及对宗教信仰的怀疑态度。

屈原作为一个政治家，是个悲剧人物，然而正是这样的悲剧才促成了他在文学上的非凡成就。他高尚的人格及杰出的文学作品受到了后人的景仰和崇敬。

司马迁

究天人之际，通古今之变，成一家之言。

——司马迁

司马迁是西汉时期杰出的史学家和文学家。他身受腐刑，却隐忍生存了16年，用生命撰成《史记》，开创了纪传体通史这种新体裁。

公元前145年司马迁生于夏阳（今陕西韩城南）的一个史官世家。司马迁少年时期就饱读经史，10岁时能诵读《尚书》《左传》《国语》等古籍。这一年，他跟随父亲到长安，并师从于当时著名的大儒孔安国、董仲舒。在这些名师的指导下，司马迁博览群书，这为他后来继承父业打下了深厚的基础。

公元前126年，20岁的司马迁在父亲的建议和支持下开始游历大江南北。司马迁回到长安后不久，被任命为郎中，经常随汉武帝巡游四方。

司马迁是我国西汉伟大的史学家、思想家、文学家，著有《史记》，又称《太史公记》。

公元前108年，司马迁被正式任命为太史令，开始整理父亲收集的资料，阅读父亲的藏书。在公元前104年，司马迁开始着手编撰《史记》。

司马迁通过实地考察和民间访问，印证了许多历史文献和传闻。如传说中孟尝君很喜欢招募天下各种人才，包括鸡鸣狗盗之徒。为弄清“夷门”是什么，司马迁过大梁地废墟时，实地勘察，细心求证。正是由于司马迁这种求实精神，《史记》才成为“实录”之作。

司马迁墓在陕西省韩城县芝川镇南，距禹鉴龙门不远，是太史公的故里。

公元前 98 年，司马迁以诬罔主上的罪名，被判处腐刑。这次灾难给他的打击是致命的，司马迁痛不欲生。但每次轻生的念头占了上风的时候，司马迁耳边就回响起父亲临终时的遗言。为完成那部“究天人之际，通古今之变，成一家之言”的《史记》，司马迁怀着巨大的悲痛日复一日地默默工作着。

公元前 93 年，司马迁终于完成了《史记》。这是一部不朽的历史巨著。全书 130 篇，50 多万字，它系统地记述了汉武帝以前 3000 年间各色各样人物活动的历史，包括了政治、经济、军事、道德、文学、艺术、科学、宗教等各个方面的内容，文笔生动，展示了一批光彩夺目的历史人物形象。《史记》在史学上、文学上，以及哲学上都具有极高的成就和影响。

《史记》完成后仅数年，司马迁就逝世了，然而司马迁的名字和《史记》一起，永远铭刻在了后人心中。

陶渊明

采菊东篱下，悠然见南山。
问君何能尔，心远地自偏。

——《饮酒》其五

陶渊明出身于一个没落的官僚地主家庭。陶渊明从小就怀有远大志向。由于对曾祖父陶侃十分仰慕，他很小就有建功立业的强烈愿望，希望自己能像曾祖父一样有一番作为。他酷爱读书学习，兴趣广博，且善于写文作诗，既聪明洒脱、放荡不羁，又质朴自然，不矫揉造作。

陶渊明，字元亮，号五柳先生，东晋末期南朝宋初期诗人、文学家、辞赋家、散文家。田园生活是陶渊明诗的主要题材，相关作品有《归园田居》《桃花源记》《五柳先生传》《归去来兮辞》等。

陶渊明最大的嗜好就是饮酒。因为双亲年迈，家里穷困，陶渊明 29 岁时曾屈当了一个州学祭酒的小吏。然而由于不能忍受官场应酬的规矩，他很快便辞职回家。州刺史又想征召他为主簿官，陶渊明没有答应。他在家乡亲自耕种，以此养家糊口。但之后，陶渊明却日渐消瘦并患病。为了维持生计，他只得重新为官，担任州镇军、建威参军这种寄人篱下的职务。

陶渊明一向自尊自重，从不阿谀奉承。他曾感叹地说："我不能为区区五斗米的薪俸卑躬屈膝，毕恭毕敬地侍奉这些乡野鄙夫。"东晋安帝义熙二年（公元406年），陶渊明再一次辞官，于是创作了《归去来兮辞》。

东晋恭帝元熙年间，王弘就任州刺史，他非常敬慕陶渊明，因此亲自登门造访。陶渊明听说王弘到访，以自己有病为由而辞，拒见王弘。

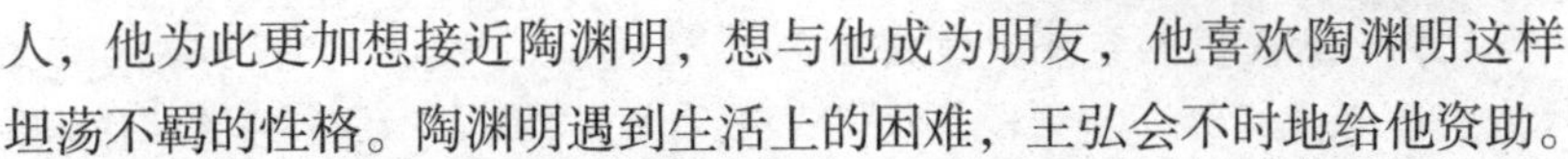

然而，王弘却是一个心胸宽广之人，他为此更加想接近陶渊明，想与他成为朋友，他喜欢陶渊明这样坦荡不羁的性格。陶渊明遇到生活上的困难，王弘会不时地给他资助。

闲居后，陶渊明从来不大喜大怒，然而遇酒必饮。即便有时无酒，也不停地咏诗作赋。他曾说：“在夏日空闲的日子，躺在室内北窗之下的凉床上，享受着不时吹来的凉爽清风，我就像是一个神仙。”作为我国东晋时期的一位极为重要的诗人，陶渊明开创了田园文学这一文学潮流，并被后人尊称为隐逸诗人之宗。陶渊明的诗文充满了浓郁的田园气息，他的诗淳朴、飘逸而又不失其意蕴，处处表现出一种返璞归真之美。陶渊明生性热爱自然，不喜拘束。正如他的一些作品中常常表达出的对官场的厌倦与无奈，而向往一种自由恬然的乡村生活的深刻情感。当他真正抛弃了“功名利禄”之后，一种欢愉达观的生活状态便成为他内心深处不变的追求。可以说，陶渊明的名士风范和对生活简朴的热爱，影响了一代又一代的中国文人，乃至整个中国文化。

李　白

天生我材必有用，千金散尽还复来。

——《将进酒》

李白祖籍陇西成纪（今甘肃静宁西南），公元701年出生在一个商人家里。他自幼学习刻苦认真，天资聪颖。并且富有积极进取的精神。

李白25岁时离开四川，游历洞庭、庐山、金陵、扬州等地。他北游洛阳、太原，南游安徽、江浙，饱览山河，结交朋友，开阔胸襟，以求出仕。他一方面上书荆州长史韩朝宗，希望得到推荐；另一方面又想通过隐居提高声誉，他先与元丹丘隐居嵩山，后又与孔巢父等隐居竹溪，号称“竹溪六逸”。

在长期的漂泊生活中，李白游历了半个中国，祖国壮丽的山河，

开阔了他的心胸，启迪着他的灵感；各地的民歌呈献给他丰富的养料；而社会的阅历和生活的磨难，更使他洞悉到世态的炎凉。在他的笔下，祖国的山河是那么的秀丽和壮观，而在他“蜀道难，难于上青天”的感叹中，更是让人难以分清他是极言自然界的山道之险，还是感慨人世间的行路之难。

公元742年，诗名遍天下的李白应召到长安供奉翰林，但所谓供奉翰林只是一种相当于“御用文人”的侍从职务，没有实际职权。3年的宫廷生活，李白看透了政治的腐败，便请求玄宗让他离去，玄宗准许了他的请求。从此，他再没到过京城。

出京不久，李白与杜甫在洛阳相识，后来又与杜甫、高适同游梁宋。接着在东鲁又与杜甫相见，同游鲁中名胜。他在山东济南接受了高天师所授道教，正式成为道士。

公元755年11月，安史之乱爆发，在此期间李白正隐居庐山，他希望有机会为国平叛立功，不久加入永王的幕府。后来永王兵败被杀，李白也被逮捕，并判死罪。幸得元帅郭子仪相救，才免于一死，被判流放夜郎。途经洞庭湖、长沙、衡山等地，到白帝城时，恰逢唐肃宗大赦天下，才免除了他的流放之罪。于是李白返回浔阳，途经扬州、南京等地，投奔到族叔当涂县令李阳冰家里。61岁时，当他听到李光弼率大军征讨史朝义叛军的消息时，就从当涂北上，准备去临淮前线请缨杀敌，走到江陵时因病返回。

公元762年，李白病逝，遗体葬在当涂县青山之南。

李白以其热烈豪迈的个性，强烈的反抗精神和斗争意志奏响了积极浪漫主义诗歌的最强音，他是我国文学史上继屈原之后又一位伟大的浪漫主义诗人。

苏 轼

九死南荒吾不恨，兹游奇绝冠平生。

——《六月二十夜渡海》

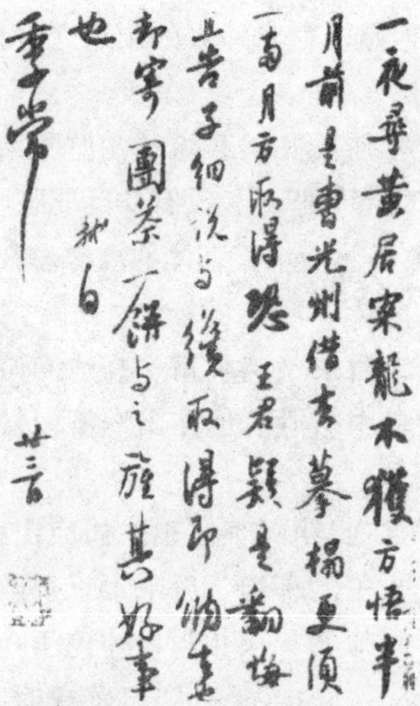

苏轼是北宋著名的文学家、书画家、词人、诗人，唐宋八大家之一，豪放派词人代表，书法名列“苏、黄、米、蔡”北宋四大书法家之一。主要作品有《东坡七集》《东坡乐府》《前赤壁赋》与《后赤壁赋》等。

苏轼于1037年出生在今四川省眉山镇的一个书香门第。父亲苏洵是北宋著名的文学家。苏轼自幼受父母影响，喜爱读书。

苏轼6岁进学堂，因为聪明伶俐，所以经常受到老师的表扬。苏轼8岁时，父亲进京赶考，落榜后没有直接回家，而是去四处游历。于是，苏轼的母亲程氏便在家担负起教导他的责任。

仁宗嘉祐元年（1056年）五月，苏轼父子抵达京城，在京城住了几个月之后，嘉祐二年（1057年），苏轼参加礼部考试。当时科举应试的文章中，割裂文辞、追求怪异的流弊占了上风，主考官欧阳修看到苏轼的《刑赏忠厚之至论》后，十分惊喜，想把他录为第一名，可他怀疑这篇文章是他的门客曾巩写的，为了避嫌，欧阳修把文章放在了第二名；后来苏轼又凭《春秋对义》得居第一；殿试中了乙科。嘉祐二年（1057年）四月十四日，20岁的苏轼被钦点为进士，从此他就下定决心要有所作为。

按照惯例，苏轼写了名帖去拜见欧阳修，感激他的知遇之恩。欧阳修对与自己同朝为官的梅圣俞说：“读苏轼的信，我欢喜之极，我应当设法退隐，给这个年轻人出人头地的机会。”欧阳修是当时的文学权威，他的一句褒贬就可以造就或毁灭一个文人。有人曾说，文士不怕刑罚，不爱晋升，也不贪生怕死，只怕欧阳修的意见。据说欧阳修还曾对儿子说过：“记住我的话，30 年后没有人会谈起我。”他的这个预言果然应验了，欧阳修死后 10 年，很少有人再提起他，人人都在谈论苏轼，偷读他被禁的作品。

不久，苏轼举家迁往京都，一家人沿长江顺流而下，于嘉祐五年（1060 年）二月抵达京都。

在京都定居以后，苏轼又通过了两次考试，一次考京师各部的业绩，另一次更重要，考“制策”，公开批评朝政。仁宗皇帝求贤若渴，下令举办这个特殊的考试，以鼓励公开批评的精神，一切文人都可以靠各部的推荐或提出作品而报名。苏轼在欧阳修的推荐下报名，通过考试，苏轼的制策被列入三等。从宋初以来，制策列入三等的只有两人，苏轼即是其一。苏轼还提出了 25 篇史论，其中几篇至今仍是学校教材的范文。

苏轼父子名闻天下，在中国文学史上以“三苏”并称，并名列“唐宋八大家”。

苏东坡祖籍纪念馆位于河北省西南部的栾城县，占地 14 9 亩，建筑面积 750 平方米，纪念馆是基于栾城是宋大文豪苏东坡祖籍这一史实创建的，具有相当的代表性和地方特色。

陆 游

城上斜阳画角哀，沈园非复旧池台。伤心桥下春波绿，曾是惊鸿照影来。

——沈园

陆游于1125年出生在今浙江绍兴的一个有文化修养的爱国官宦家庭。陆游少年时勤奋好学，立志报效国家。

陆游在19岁时与舅父的女儿唐婉结婚，夫妻感情很融洽。可是好景不长，由于陆游几年考试都不中，加上陆游的母亲本来就不喜欢唐婉，于是把所有的罪过都归结在她身上。在母亲的极力要求下，陆游被迫写下休书。

一次，陆游在沈园恰巧遇见唐婉，两人重诉离别之苦。这时的陆游感慨万千，便填了《钗头凤》一首：“红酥手，黄滕酒，满城春色宫墙柳。东风恶，欢情薄，一怀愁绪，几年离索。错，错，错！春如旧，人空瘦，泪痕红浥鲛绡透。桃花落，闲池阁，山盟虽在，锦书难托。莫，莫，莫！”

不久，唐婉忧郁而死。这次婚变让陆游悔恨终生。陆游直到终老对唐婉仍不能忘情，逝世前一年还写下了哀怨的《春游》：“沈家园里花如锦，半是当年识放翁。

也信美人终作土，不堪幽梦太匆匆。”

陆游为官近 30 年，晚年以 79 岁高龄回到故乡山阴后生活依旧贫困。1203 年，辛弃疾被起任为绍兴知府兼浙东安抚使，治在绍兴，这两位伟大的爱国主义诗人终于首次见面。辛弃疾看到陆游生活贫困，就时常接济他；又见陆游住的草屋破旧，想给陆游另筑新舍，陆游没有接受。辛弃疾还常送新鲜蔬菜给陆游，陆游曾写诗为辛弃疾送行，劝告他不要计较旧怨，一切以国家为重，全力北伐。1207 年，辛弃疾病逝，陆游哀痛地说：“若看幼安气如虎，一片蘧已归荒墟。”

南宋在卖国投降派的操纵下，迫害爱国人士，国力衰弱不堪，人民生活极端艰难，陆游每天忧心忡忡，感慨世态炎凉。不久，因忧致疾。1210 年腊月底病逝。

在弥留之际，陆游还不忘收复国土，写下了有名的诗篇《示儿》：“死去元知万事空，但悲不见九州同。王师北定中原日，家祭无忘告乃翁。”

这是陆游写给儿子的遗嘱，也是他的绝笔。这首悲愤异常的诗篇向世人昭示出他一生抗敌复国的夙愿。这也是对当时以史弥远为首的投降派的强烈抗议和辛辣讽刺。这首诗多年来一直为人们所喜爱，成为鼓舞人们战斗的号角。

陆游，南宋词人，一生著述丰富，有《剑南诗稿》《渭南文集》等数十种存世。其中许多诗篇抒写了抗金杀敌的豪情和对敌人、卖国贼的仇恨，洋溢着强烈的爱国主义激情。

曹雪芹

满纸荒唐言，一把辛酸泪。
都云作者痴，谁解其中味。

——曹雪芹

曹雪芹 1715 年生于江宁的一个官宦世家。他自幼就接受了良好的家庭教育。当时有很多文士名流都与曹家有过来往。出生在这样的书香门第里，对于提高曹雪芹的文学素养，无疑具有极为重要的意义。

然而他的文学才华得以表现，恰恰是在他的家世境遇发生了巨大变化以后。雍正即位后排斥异己，曹家急剧走向衰落。到乾隆时，曹家曾一度平反，但不久又因事再一次遭遇祸变，从此便一蹶不振。

曹雪芹 13 岁前曾在南京过了一段“锦衣纨绔”“饫甘餍肥”的生活；13 岁迁居北京以后每日吟诗作画，饮酒听曲。第二次变故发生后，他不得已在右翼宗学里谋得一个差使，并结识了敦敏、敦诚兄弟，成为默契好友。晚年“举家食粥酒常赊”，过着困顿不堪的贫穷生活。这种由富贵沦落为贫贱的不寻常经历使他对人世有了更深的了

解，同时也以自己不同的心态去品味人生，品味生活，这一切为他创作《红楼梦》提供了丰富坚实的生活基础。

《红楼梦》是一部伟大的批判现实主义杰作。它以贾宝玉、林黛玉、薛宝钗之间的恋爱婚姻悲剧为主线，描写了贾、史、王、薛四大封建家族的衰亡过程。作品通过写四大家族的命运，真实地反映了危机四伏的清王朝统治的时代面貌，揭示了封建制度崩溃的历史趋势。作品也从三人的爱情、婚姻角度，揭示了封建礼教的残酷。曹雪芹用他那如椽巨笔将爱情悲剧的社会根源揭露得深刻而全面，从而对封建社会作出了最深刻有力的批判，赋予男女爱情主题以崭新的思想内容，发掘了更广泛的生活内涵。

《红楼梦》的艺术成就还表现在艺术结构的浑然天成。全书把众多人物、繁杂的事件编织在一起，构成了一幅壮丽的艺术画卷。这幅画卷如同一件精心编制的大网，使故事情节如同生活实际那样自然展开和运行，这在世界文学史上也是罕见的。《红楼梦》是我国乃至全世界的有着重要珍藏与研究价值的奇书，为此，我国还有专门研究此书的学科，称为“红学”。

鲁 迅

灵台无计逃神矢，风雨如磐暗故园。
寄意寒星荃不察，我以我血荐轩辕。

——《自题小像》

鲁迅1881年出生于没落的旧官僚家庭，自幼聪明好学，兴趣广泛。1902年4月，鲁迅以优异的成绩毕业，并获得了公费留学日本的机会。

到日本后，鲁迅首先选择学医，立志要改变中国人“东亚病夫”的形象。但发生在仙台医学专科学校的“幻灯片事件”，使他感到“中国人的病不在身体上，而在精神上。”于是他果断决定弃医从文。

1909年8月，鲁迅从日本回国。1918年，鲁迅在《新青年》上发表了中国现代第一篇白话小说《狂人日记》。小说通过对“狂人”的心理描写，形象地揭露和控诉了中国几千年“吃人”的历史，堪称五四运动中反封建的最强音。

从此，鲁迅的创作便一发而不可收拾，以揭露封建社会黑暗、封建礼教吃人为主题的作品接二连三地问世，《孔乙己》《药》《一件小事》《故乡》《阿Q正传》等作品相继发表。

除了小说外，鲁迅还写了大量散文、散文诗以及杂文，如《朝花夕拾》《野草》等。作为一个学者，他还致力于研究中国古代文化，撰写了极具见地和史料价值的《中国小说史略》。

1930年初，鲁迅参加了中国共产党领导的秘密政治团体“中国自由运动大同盟”，发表了著名的讲话《对于左翼作家联盟的意见》，成为“中国左翼作家联盟”真正意义上的领袖。1931年2月，柔石等“左联五烈士”被害，鲁迅怀着悲愤的心情写下了《黑暗中国的文艺界现状》《中国无产阶级革命文学和前驱的血》，针锋相对而又巧妙地同国民党当局对革命文化疯狂“围剿”进行着不屈的斗争。

在鲁迅的作品中，随处可见他的战斗精神以及他对中国黑暗社会的种种丑恶现象的无情地批判，他的作品具有极高的思想性和艺术性。

1936年10月19日，鲁迅逝世。上万人自发地为鲁迅先生举行了庄严而隆重的葬礼，在棺盖上，民众代表为他覆上了“民族魂”的大旗。“鲁迅是一位为了中华民族新生而奋斗终生的文化巨人”，这是人民大众给予他的最恰当的评价。

位于浙江省绍兴市市区鲁迅中路上的鲁迅故里，是一条独具江南风情的历史街区。

茅　盾

自然是伟大的，人类是伟大的，然而充满了崇高精神的人类的活动，乃是伟大中之尤其伟大者。

——茅盾

茅盾原名沈德鸿，字雁冰，是我国著名的文学家和翻译家。

1896 年 7 月 4 日，茅盾出生于浙江省桐乡县乌镇的世代书香之家。父母对他的文化教育十分严格。然而，茅盾对文学却表现出越来越浓厚的兴趣，直到他离开桐乡县考入湖州省立第三中学，才得以放任自己的爱好，开始在文学天地里尽情遨游。

1917 年，俄国十月革命爆发，在中国引起了很大的反响，全国上下开展了轰轰烈烈的反帝反封建的新文化、新思想运动。茅盾发表了他的第一篇文章《学生与社会》之后，积极参加新文化运动，写下了许多支持新思潮与文学革命的文章。茅盾致力于新文学的编

在桐乡市乌镇观前街和新华路交界转角处，是一代文豪茅盾诞生和度过童年、少年时代的地方，1988年列为全国重点文物保护单位。

茅盾故居位于北京市东城区交道口后圆恩寺胡同，故居为二进四合院，占地面积878平方米。门内影壁上镶有邓颖超题的“茅盾故居”金字黑大理石横匾。

辑和翻译工作，翻译了高尔基、契诃夫的小说。他于 1921 年同郑振铎等一起成立了文学研究会，积极倡导“为人生”的文学主张，并担任了《小说月报》的主编，对《小说月报》进行了全面改革，以提倡新文学为主题，使这本宣传封建没落思想和低级趣味的旧刊物转变成传播新文化思想的新杂志，在社会上引起了巨大的反响。

第一次国内革命战争的失败，对茅盾的震动很大，茅盾被列入了黑名单。在这种情况下，茅盾只得隐居家中，从而开始了小说的创作。1927 年—1928 年，茅盾创作了《幻灭》《动摇》《追求》三部曲。

1932 年，茅盾完成了长篇小说《子夜》的创作，这是他文学创作道路上一个重要的里程碑。子夜是黎明前最黑暗的时刻，30 年代的中国，国民党内部争夺权利，发生内战，工商业受到了极大的破坏，许多工厂、企业面临破产，工人罢工，农民造反，是中国社会在新时代到来之前最黑暗的年代。茅盾在这部小说中用马克思主义的观点和方法分析、反映了半殖民地半封建的中国社会的动荡不安的局面以及社会的发展趋势。《子夜》以它深刻的思想和卓越的艺术成就被誉为中国现实主义文学的奠基之作，为中国的文学宝库增添了色彩。

新中国成立后，茅盾担任文化部长一职，长期以来一直从事文艺界的领导工作，对国家的文化事业有巨大的贡献。

1981 年 3 月 27 日，茅盾在北京逝世，享年 85 岁。

老 舍

骄傲自满是我们的一座可怕的陷阱；而且这个陷阱是我们自己亲手挖掘的。

——老舍

老舍，原名舒庆春，1899 年 2 月 3 日出生于北京西城的一个满族贫民家庭。老舍从小便知道生活的艰辛，小小年纪就和母亲一起为生活而焦虑，成为一个郁郁寡欢的孩子。

1924 年—1929 年，老舍在英国的伦敦大学任东方学院华语讲师。1937 年抗日战争爆发，老舍只身离开济南，来到重庆，主持中华全国文艺界抗战协会，创办《抗战文艺》三日刊。在此期间，老舍创作了大量反映抗战的文艺作品，为团结和组织广大文艺工作者参加抗日宣传工作进行了努力。老舍为了革命事业，与妻子儿女分开了整整 6 年，没有一天不牵挂他们，而胡絜青更是含辛茹苦地抚养儿女，侍奉婆婆。直到婆婆逝世之后，她才下定决心离开沦陷区去重庆与分别多年的老舍相聚。她独自一人带着三个幼小的孩子，九死一生，历经两个月的磨难，才来到老舍的身边。

老舍原名舒庆春，是中国现代小说家、文学家、戏剧家。“老舍”这一笔名，是他在 1926 年发表长篇小说《老张的哲学》时首次使用的。

1946 年老舍去了美国西雅图，过了 3 年的旅美生活，旅美期间，老舍

完成了《四世同堂》的第三部《饥荒》。1950 年，他回到新中国，担任了北京市文联主席，《北京文艺》主编，荣获“人民艺术家”称号。

老舍一生创作了 1000 多部作品，约 700 万字，有长篇小说《赵子曰》《骆驼祥子》《二马》《猫城记》《牛天赐传》《离婚》《四世同堂》；中篇小说《月牙儿》《我这一辈子》；短篇小说《断魂枪》等，还有话剧《茶馆》《龙须沟》等。

老舍在中国现代小说艺术的发展中有十分突出的贡献。他的作品中最引人注目的主要有三点：第一是他一生执著于描写城市与人的关系，创造了市民文学；第二是老舍作品中浓郁的京味，他的作品大都体现了北京文化的人文景观，简直就是北京文化史的象征；第三是他的作品追求幽默，常达到一种轻松的效果。

但　丁

道德常常能填补智慧的缺陷，而智慧却永远填补不了道德的缺陷。

——但丁

但丁于 1265 年出生在意大利佛罗伦萨的一个落没的贵族家庭。他自幼聪慧，爱思考问题。父亲请著名学者鲁内托拉蒂尼当他的老师。但丁一直保持着勤奋好学、谦虚谨慎的求学态度。他爱好广泛，曾学习美术、音乐、诗歌、修辞学、古典文学、哲学、神学、伦理学、历史、天文、地理和政治等学科，并取得了优异的成绩。

早在青年时期，但丁就以激昂的热情投身政治运动，反对封建贵族的统治和罗马教皇对政治的干涉。后来，教皇重新控制了佛罗伦萨政权。1302 年，但丁被判终生流放，从此再未回过故乡。

从 1307 年—1321 年，历时 14 年之久，但丁完成了伟大的史诗著作《神曲》。《神曲》分为《地狱》《炼狱》《天堂》三部，但丁通过对幻游地狱、炼狱、天堂中遇到的上百个各种类型人物的描写，以广阔的画面，反映出意大利转折时期的现实生活和社会变革，体现了人文主义的新思想，为文艺复兴运动的兴起开辟了道路。因此，《神曲》也成了但丁的代表作，流传至今仍具有不可代替的地位。

1321 年 9 月 14 日，但丁病逝，享年 56 岁。

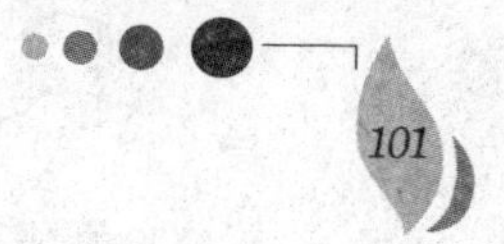

莎士比亚

明智的人决不坐下来为失败而哀号，他们一定乐观地寻找办法来加以挽救。

——莎士比亚

莎士比亚于1564年4月23日出生在英国斯特拉特福镇的一个富裕家庭。父亲经常带他去看戏，莎士比亚因此喜欢上了戏剧。六七岁时，莎士比亚被父亲送进斯特拉福文法学校学习拉丁文和文学。在这里他接触到了古代罗马的诗歌和戏剧。1586年，一个偶然的机会莎士比亚随一个戏班来到了伦敦，并找到一份为骑马的观众看马的差事。一有机会，他就观看戏剧，模仿演员的表演。

莎士比亚在工作之余，坚持自学文学、历史、哲学等课程，还自修了希腊文和拉丁文。当剧团需要临时演员时，他就“近水楼台先得月”，再加上他的才华，终于能演一些配角了。演配角时，莎士比亚也一样认真，不久他就被剧团吸收为正式演员。

那时候，伦敦的剧团对剧本的需求非常迫切。正因为莎士比亚曾阅读了大量的书籍，所以他更加了解自己祖国的历史和人民的命运，他决定尝试写一些历史题材的剧本。

在莎士比亚的早期创作中，他的人文主义思想和独特的艺术风格逐渐形成，他的作品出色地反映了英国社会五光十色的画面。《罗密欧与朱丽叶》反映了人文主义者的爱情理想和封建恶习之间的冲突，集中体现了莎士比亚个性解放的思想。同期的《威尼斯商人》则尖锐地讽刺了高利贷商人极端利己的本性，有着深刻的社会意义。

莎士比亚创作高峰的标志是四大悲剧：《哈姆雷特》《奥赛罗》《李尔王》和《麦克白》。其中《哈姆雷特》堪称世界最佳悲剧，主人公哈姆雷特也成了最复杂的文学形象之一。莎士比亚晚年转入神奇剧的创作，寄希望于乌托邦式的理想世界，作品有《辛白林》《暴风雨》等。

在他52年的人生中，他为世人留下了37部剧本、154首14行诗和两部叙事长诗。

莎士比亚戏剧的艺术特色主要在于情节的生动性与丰富性的完美结合，人物形象既具有高度的典型性，同时又具有丰富多彩的个性特征。莎士比亚还是位语言大师，他吸收民间的语言以及古代和当时的文学语言，将其运用得得心应手。莎士比亚被同时代的戏剧家称为“时代的灵魂”，马克思也把莎士比亚誉为“最伟大的戏剧天才”。

斯特拉特福镇除了有保持完好的莎士比亚故居外，还有一组有关莎士比亚的纪念景物，如莎士比亚纪念剧院等，是英国著名的旅游胜地。

歌　德

你若要重视自己的价值，就得给世界创造价值。

——歌德

歌德于1749年8月28日出生在德国法兰克福市的一个富裕的市民家庭。歌德从小就热爱文学，他曾获得斯特拉斯堡大学博士学位。在斯特拉斯堡大学期间，歌德接触了莎士比亚、荷马等人的作品，深受他们创作风格的影响。1774年，他发表了《少年维特之烦恼》，并因此而出名。他于1786年秋前往意大利，直到1788年6月才返回魏玛。

在意大利的旅行是歌德一生中的重要转折时期，他重新认识了自己的过去，并在罗马结识了很多艺术家，而意大利如诗如画的风景，也更加丰富了他作为诗人的想象力。回到魏玛后，歌德专心于文学艺术创作，先后完成了戏剧《哀格蒙特》《托夸多·塔索》。1796年，歌德结识了著名诗人席勒，两人共同探讨文学，探讨社会。在席勒的影响下，歌德再次提笔创作青年时期就开始构思的巨著《浮士德》，并在1808年出版了第一卷。此后的时间里歌德一直在撰写《浮士

歌德是德国民族文学的最杰出的代表，他的作品把德国文学提高到全欧洲的先进水平，并对欧洲文学的发展作出了巨大的贡献。

德》的第二卷，并于1831年出版。从着手《浮士德》的写作到出版历时58年。在这58年中，歌德每日埋头苦读，研读其他作品，构思自己的作品，开始写作时几乎忘记了一切事情，甚至包括他心爱的妻子与孩子。

《浮士德》差不多可以说是歌德以毕生之力完成的。《浮士德》塑造了一个不断探索人生真谛、不断进取的形象。主人公浮士德年届百岁、双目失明，仍然认为人生应当“每日每夜去开拓生活和自由，然后才能享受自由和生活”。这不但是歌德的追求，体现了资产阶级上升时期追求真理、自强不息的精神，也是德意志民族优秀传统的反映。《浮士德》的创作延续了近60年的时间，作品中体现了他的美学观点及思想发展。同时他的人生体验、哲学探索、艺术实践也使这部作品具有了永恒的魅力。《浮士德》与《荷马史诗》《神曲》等齐名，被文学家认为是史诗性的巨著。除文学创作外，歌德在自然科学领域也取得了一些成绩，如他解剖人体，发现了一直不被人注意的腭间骨，用显微镜观察种子的潜在萌芽等。

1832年3月22日，在《浮士德》第二卷出版后的第二年，歌德在魏玛逝世，享年83岁。

普希金

假如生活欺骗了你，不要悲伤不要心急，忧郁的日子里需要镇静，相信吧，快乐的日子将会来临。

——普希金

普希金于1799年6月6日出生在莫斯科一个破落的贵族家庭。

1811年，12岁的普希金跟着叔父来到彼得堡的皇村中学。这期间爆发了反法卫国战争，这场战争唤醒了俄罗斯民族的爱国意识，也对普希金童年时代的思想发展及世界观的形成产生了重大影响。他在爱国思想的激励下，诗兴大发，激情澎湃，创作了许多优秀的爱国诗篇。当他的诗陆续在报刊上发表时，他的叔父大为惊讶，他发现普希金具有非凡的文学才能，于是想把侄儿培养成伟大的诗人。

中学毕业后的普希金被派往圣彼得堡外交部任十等文官。他用诗歌反抗欺骗和镇压人民的沙皇，诅咒人吃人的封建农奴制度。他的叙事诗《鲁斯兰与柳德米拉》取材于古代俄罗斯的童话故事，赞颂了俄罗斯壮士光辉的爱国主义行为。不久，普希金被警察拘捕，最后他被流放到俄罗斯南部的叶卡捷琳诺斯拉夫。这种流放生活并没有使普希金屈服，他以饱满和高昂的革命热情，创作了叙事诗《高加索的俘虏》《茨冈》和抒情诗《太阳沉没了》，历史悲剧《波利斯·戈东诺夫》等，抨击俄国黑暗的农奴制度，流露出对人民的同情和对自由的追求。

不久，沙皇亚历山大去世。1826年诗，人普希金返回莫斯科，受到文学界和人民的热烈欢迎。

普希金在此期间，陆续发表了《毒树》《寄西伯利亚囚徒》《阿利昂》等诗篇，对政府的专制进行了猛烈的抨击和辛辣的嘲讽，并宣传了革命理想。此后他又创作了英雄史诗《波尔塔瓦》、特写集《阿尔兹鲁姆旅行记》、长篇诗体小说《叶甫盖尼·奥涅金》和长篇小说《上尉的女儿》等来抨击沙皇政权。于是他与上层社会的矛盾越来越尖锐，沙皇也不断寻找各种机会对普希金加以迫害。

由于普希金的妻子冈察洛娃是莫斯科第一美女，沙皇对她垂涎三尺。1837年，沙皇收买了一位法国亡命之徒丹特斯，策划了一场阴谋，让丹特斯借一切机会追求普希金的妻子，气愤之极的普希金答应和他决斗来了结此事。可是决斗时，狡猾的丹特斯却提前开了枪。这狠毒的一枪打中了普希金的腹部，普希金最后倒在了血泊之中。

巴尔扎克

伟大的人物都是走过了荒沙大漠，才登上光荣的高峰。

——巴尔扎克

巴尔扎克于1799年5月20日出生在法国图尔市的一个中产阶级家庭。虽然年纪小，巴尔扎克却兴趣广泛，记忆力和分析能力很强，通过自学掌握了许多知识。

巴尔扎克15时岁时随父母迁居巴黎，由于巴尔扎克对文学产生了浓厚的兴趣，所以他经常旁听巴黎大学的文学讲座，通过努力获得文学学士学位。经过探索和磨炼，巴尔扎克走上了现实主义文学创作道路。1829年出版的长篇小说《舒昂党人》，初步奠定了他在文学界的地位。1831年发表的长篇小说《驴皮记》为他赢得声誉，成为法国最负盛名的作家之一。他早有把自己的作品结集成一个有机整体的设想。1841年他在但丁《神曲》（原名《神界喜剧》）的启示下，正式把自己作品的总名定为《人间喜剧》。1829年—1849年，巴尔扎克为《人间喜剧》创作了91部作品，包括长篇、中篇、短篇小说和随笔等，分为“风俗研究”“哲理研究”和“分析研究”三个部分。其中的代表作品有《欧也

这尊耗时七年的巴尔扎克像融合了无数关于这位法国大文豪的史料和罗丹对其最深邃的理解。

妮·葛朗台》《高老头》《幻灭》《农民》《贝姨》等。

《人间喜剧》这部伟大的作品深得马克思和恩格斯的赞赏。在艺术上，巴尔扎克也有突出的成就。他提出："要描写一个时代的主要人物，刻画出这个时代广阔的面貌，即通过塑造众多的典型人物反映整个社会。"正因为他对各类生活、各种人都有所了解，再加上他在书中所见的各种人、各类事，所以在《人间喜剧》中虽然出现了一系列资产者的吝啬形象，但他们的性格毫不雷同，马克思曾赞扬巴尔扎克对吝啬性格的深刻研究。仅此一点，足以说明他在艺术上的高度成就。巴尔扎克特别重视对环境的描绘，以此作为塑造人物、再现社会的重要手段。他创造了同一人物在不同小说中反复再现的手法，使《人间喜剧》形成一幅互有联系的社会画卷。在他的作品中，现实主义和浪漫主义结合在一起，因而在跌宕起伏的行文中，有时也闪现出绚丽的色彩。恩格斯指出：通过《人间喜剧》，巴尔扎克"提供了一部法国'社会'，特别是巴黎'上流社会'的卓越的现实主义历史"。他的作品"是对上流社会必然崩溃的一曲无尽的挽歌"，"他看到了他心爱的贵族们灭亡的必然性"。巴尔扎克虽然离开了我们，他的作品却依然享誉全世界。

巴尔扎克的创作为小说开辟了一个新天地。他的作品气魄宏伟，生气勃勃，和现实生活一样丰富多彩，却比现实更加集中、凝练和强烈。

雨果

丑就在美的旁边，畸形靠近着优美，粗俗藏在崇高的背后，恶与善并存，黑暗与光明相共。

——雨果

雨果于1802年2月26日出生于法国贝桑松城的一个军官家庭。他自幼爱好文学，20岁时，他的诗集《短歌集》出版，获得了路易十八的赏识。

1824年，雨果的处女作小说集《汉·伊斯兰特》获得了小说家诺迪埃的赞赏，与诺迪埃的结缘，使雨果开始转向浪漫主义并逐渐成为浪漫派的首领。1827年，雨果为自己的剧本《克伦威尔》写了长篇序言，被视为是浪漫主义的宣言。1830年，雨果的浪漫戏剧代表作《欧那尼》公开上演，首次演出便获得了成功。1832年，雨果的长篇名著《巴黎圣母院》出版，这部作品具备了浪漫主义的各种要素，结构曲折离奇，情节富有戏剧性，将人生百态刻画得淋漓尽致，为雨果赢得了著名小说家的声誉。

雨果是法国文学史上一位重要的作家，也是19世纪前期积极浪漫主义文学运动的领袖，法国文学史上卓越的资产阶级民主作家。

可也正是这部小说，给雨果招来了流放的厄运，他开始了长达19年的流亡生活。在流亡期间，雨果完成了《时代的神话》以及《悲惨世界》。《悲惨世界》是最能代表雨果的思想

艺术风格的作品，小说还没有出版，就已经被译成了9种文字，震动了欧洲和美国。雨果的文风雄健，富有强烈的人道主义思想和渊博的知识。他的流亡经历，使他更加读懂了生活，也促成了这部伟大著作《悲惨世界》的问世。他为后人留下了数量丰富的文学珍品，除了小说《巴黎圣母院》《悲惨世界》《九三年》以及歌剧《欧那尼》外，还有诗歌《秋叶》《静观》《光与影》《街头丛林之歌》等。

1870年，普法战争爆发了，在国家危亡的关头，雨果在流亡了19年之后回到了祖国。他发表演讲，号召法国人民团结起来共同抵抗德国侵略者。

在巴黎公社时期，雨果极力反对革命使用暴力。为此，他的家庭遭到反动暴徒的袭击，自己也险些丧命，但他并没有因此而动摇，仍然坚持自己的立场，表现了他崇高的爱国主义精神。

1881年2月26日，60万法国人在雨果的窗前游行，庆贺他的80寿辰。1885年5月22日雨果去世，法国政府和人民为他举行了隆重的国葬，来自法国和世界各地的200万人为他送葬，这位文学巨匠离开了人世，永远地放下了笔，休息了。

托尔斯泰

快乐是在寻找真理，而不在发现真理。

——托尔斯泰

列夫·托尔斯泰是19世纪俄国最伟大的作家。他于1828年9月9日（俄历8月28日）出生于图拉省的一个伯爵家庭。1844年，他进入喀山大学，受到卢梭、孟德斯鸠等启蒙思想家的影响。1854年—1855年，他参加了克里米亚战争。几年的军旅生活不仅使他看到上流社会的腐败，也为以后在其巨著《战争与和平》中能够逼真地描绘战争场面打下了基础。1855年11月，他回到圣彼得堡，进入文学界，成为文坛新秀，受到了屠格涅夫等人的器重。其成名作——自传体小说《童年》《少年》和《青年》，集中体现了他对贵族生活的批判态度、“道德自我修养”的主张和擅长心理分析的特色。

托尔斯泰是俄国作家、思想家，19世纪俄国伟大的批判现实主义作家。他被称颂为具有“最清醒的现实主义”的“天才艺术家”。

1863年—1869年，托尔斯泰创作了长篇历史小说《战争与和平》，这是其创作历程中的第一个里程碑。小说以四大家族为主线，展现了当时俄国从城市到乡村的广阔社会生活画面，反映了1805年—1820年发生的一系列重大历史事件，歌颂了俄国人民的爱国热忱和斗争精神，主要探讨了俄国的前途和命运，特别是贵族的地位

和出路问题。小说结构宏大，人物众多，典型形象鲜活饱满，是一部具有史诗特色的鸿篇巨著，这部小说为他赢得了世界文豪的声誉。

1873 年—1877 年，他完成了其第二部里程碑式巨著《安娜·卡列尼娜》，以乡村生活为背景，反映农奴制改革后的社会关系，小说艺术炉火纯青。

19 世纪 70 年代末，托尔斯泰的世界观发生巨变，写成了《忏悔录》。19 世纪 80 年代他创作了剧本《黑暗的势力》《教育的果实》，中篇小说《伊凡·伊里奇之死》《克莱采奏鸣曲》《哈泽·穆拉特》，短篇小说《舞会之后》。特别是 1889 年—1899 年创作的长篇小说《复活》，是他长期以来对思想、艺术探索的总结，通过对主人公卡秋莎和聂赫留朵夫爱情经历的描写，深刻揭示了专制和压迫的社会制度，从而成为对俄国社会批判最全面、深刻、有力的一部著作，成为世界文学史上不朽名著之一。

托尔斯泰晚年力求过简朴的平民生活，但精神却始终处在极端苦闷之中。1910 年 10 月托尔斯泰从家中出走，11 月 20 日病逝于一个小站，享年 82 岁。

马克·吐温

马克·吐温，近代幽默文学的泰斗！代表美国文学的世界一流作家！他是怀有赤子心的顽童，亦是仗义执剑的骑士！

马克·吐温于1835年11月30日出生在美国密苏里州的佛罗里达，马克·吐温由于聪明好学，学习成绩一直很好。12岁时，他的父亲去世，一家人的生活陷入困境。退学后的马克·吐温开始了独立的劳动生活，先后当过印刷厂学徒、送报员、排字工、领航员。14岁时他在街上捡到的印有约翰生平的纸片，使马克·吐温对名人传记产生了极大的兴趣，这张小纸片改变了他的命运。此后他在繁重紧张的工作间隙抽出时间学习知识，并进行创作。1864年，他被聘为《晨报》记者，从此走上文学创作之路。在他创作的众多优秀小说之中，《哈克贝利·费恩历险记》独具特色。

《哈克贝利·费恩历险记》是世界上最受欢迎的名著之一，而文中的主人公哈克贝利·费恩已经成为了美国民族性格的象征。

作品以白人少年哈克和黑人奴隶吉姆结伴出逃寻找自由为线索，记叙了他们历险的全过程，尽情描写了密西西比河如诗如画的美景，酣畅淋漓地展现了沿岸广大地区的风土人情和社会风貌，

精心刻画了哈克和吉姆这两个鲜活生动的人物形象。活泼好动的哈克不喜欢呆板的教育方式和粗俗沉闷的小镇生活一心想挣脱束缚，去山林荒岛过自由的生活。他对黑奴吉姆的不幸遭遇深感同情，一路上凭自己的机智聪慧和勇敢无畏，克服重重困难，最终让吉姆重获自由。

马克·吐温是美国的幽默大师、小说家、作家，也是著名演说家，19 世纪后期美国现实主义文学的杰出代表。

作品的中心主题是反对种族歧视和压迫。从黑奴吉姆身上体现出来的善良、忠诚和富有人性，以及他同白人少年哈克的深厚情谊，表明黑人同白人一样高贵、仁义。吉姆最终获得自由显示出作者对借助资产阶级的仁慈解放黑奴的前景充满信心。《哈克贝利·费恩历险记》以儿童第一人称的立场记人叙事，真实亲切，情节曲折，笔调幽默，妙趣横生。

海伦·凯勒曾说过：“我喜欢马克·吐温——谁会不喜欢他呢？即使是上帝，亦会钟爱他，赋予其智慧，并于其心灵里绘画出一道爱与信仰的彩虹。”

马克·吐温这位从美国民间幽默的土壤上崛起的作家，以他一贯幽默而不乏讽刺的笔法，创作了《卡拉维拉斯县著名的跳蛙》《傻瓜威尔逊》《汤姆·索耶历险记》《哈克贝利·费恩历险记》和《百万英镑》等一系列脍炙人口的作品，写尽了美国一个时代的民间风情和世俗百态，展现了“美国民族之魂”。马克·吐温也因此被誉为“美国文学史上的林肯”。1907 年以后马克·吐温开始撰写自传，于 1910 年 4 月 21 日病逝，享年 75 岁。

泰戈尔

知识是智慧的结晶，文化是宝石放出的光泽。

——泰戈尔

1861年5月7日，罗宾德·拉纳德·泰戈尔出生在印度加尔各答市一个富有的贵族世家。他的父亲和哥哥、姐姐都是社会名流。尤其是他的父亲，热心社会活动，终生致力于哲学和宗教的研究并热爱自然，对他影响很大。泰戈尔在这样一个开明自由、充满艺术氛围而又井然有序的环境熏陶下健康地成长。泰戈尔曾先后被送进4所学校学习，都因他厌恶学校的教学方法而辍学。父亲为他请了两位最有名的老师，教他文学、哲学、英语、数学、音乐和摔跤。老师要求严格，使他掌握了各种知识，又增强了体魄。才华横溢的泰戈尔从小就走上了文学创作的道路。1878年，泰戈尔到英国伦敦大学学习法律，次年回国。在归国五年内出版诗集《暮歌》《晨歌》和《画与歌》，戏剧《大自然的报复》以及长篇小说《王后市场》和《圣哲国王》等。1890年出版诗集《心中的向往》。

泰戈尔于1913年获得诺贝尔文学奖，是第一位获得诺贝尔文学奖的亚洲人。

泰戈尔有着强烈的爱国主义热忱，他对于处在帝国主义侵略和压

迫下的各国人民寄予了深切的同情，并给予有力的支持。20 世纪 30 年代—40 年代，当德、意、日法西斯发动侵略战争的时候，泰戈尔创作了一些重要的政治抒情诗表示抗议。

这位举世闻名、多才多艺的作家，在其漫长的创作生涯里，共写了 50 多部诗集、12 部中长篇小说、100 余篇短篇小说、20 多个剧本和许多有关文学、哲学、政治的论文，以及回忆录、游记、书简等。泰戈尔于 1910 年出版了著名诗集《吉檀迦利》，“吉檀迦利”就是“献诗”的意思。1912 年，泰戈尔自己把《吉檀迦利》译成英文，并于 1913 年获得了诺贝尔文学奖。《新月集》是诗人泰戈尔历经人世沧桑之后，从睿智洁净的心灵唱出的天真的儿歌，诗人熔铸儿时的经验，借助儿童的目光，营造了一个晶莹的童话世界；而深刻的哲理，则时时从童稚的话语和天真的画面中流露出来。

他一生共创作了 2000 余首激动人心、优美动听的歌曲。其中有他在印度民族解放运动高涨时期创作的不少热情洋溢的爱国歌曲，《人民的意志》这首歌于 1950 年被定为印度国歌。泰戈尔丰硕的创作成果，为世界文学艺术宝库增添了无穷的魅力。

1941 年 8 月 7 日，泰戈尔在加尔各答逝世。

艺术名流

YISHU MINGLIU

王羲之

虽无丝竹管弦之盛，一觞一咏，亦足以畅叙幽情。是日也，天朗气清，惠风和畅，仰观宇宙之大，俯察品类之盛，所以游目骋怀，足以极视听之娱，信可乐也。

——王羲之

王羲之是东晋有名的大书法家，人称“书圣”。公元 321 年王羲之出生于琅玡临沂的一个大族家庭，自幼酷爱读书，尤其对书法有着浓厚的兴趣。

王羲之家里藏着很多前人的书法论著。他 12 岁时就一边读，一边记。他父亲见他求学心切，就亲自指点他。后来王羲之渡江北上，游历了许多名山大川，见到了许多著名书法家的手迹。他一个一个临摹，努力把各个名家的字的特点及长处学到手。

王羲之少年时代，锋芒初露便震惊了方圆百里的书法名家。从那以后，他精心钻研书法，独创了自己秀美的字体，被世人誉为“书圣”。

王羲之早年因才德俱佳，又是世族子弟，多次被举荐做官，但他对此并不感兴趣。公元 334 年，庾亮请他当了参军，后来一直升到了右军将军，后人因此称他为“王右军”。王羲之

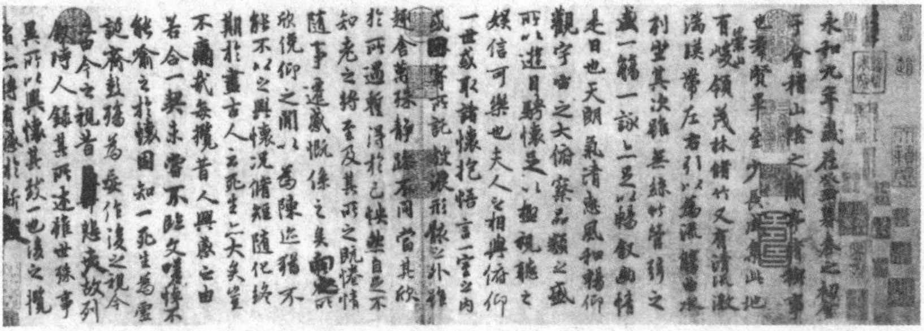

《兰亭序》记叙了兰亭周围的山水之美和聚会的欢乐之情，抒发王羲之好景不长、生死无常的感慨，是王羲之三十三岁时的得意之作。

做官后，并不以名利为重，常与平民百姓、道士交往，留下许多佳话。

公元 353 年 3 月 3 日，王羲之和名士谢安、孙绰等 41 人宴会于山阴兰亭，大家赋诗抒发胸中的感慨，后来结集成册。王羲之为这本书写了序，记述了当时宴会的盛况，并且即事抒情，对人生聚聚散散、年寿不永发出感叹。这就是著名的《兰亭集序》。它不仅是书法史上的名篇，也是脍炙人口的优美散文，唐太宗李世民极为喜爱王羲之的作品，曾探访《兰亭集序》真迹多年，最终从其后人手中得到。唐太宗驾崩后，《兰亭集序》真迹随之葬入昭陵。

王羲之一生淡泊名利，他常常以身作则，教育孩子们为人应洁身自好，不应有贪图名利之心，王羲之也是一个家庭观念很重的人，他曾经想和道士许迈一同修炼，服食仙丹，但因不忍与家人别离而作罢。

王羲之一直想让他的儿孙能在书法上有所成就，他的 7 个儿子在其鞭策下都勤于书法，其中成就最高的是王献之，与其父亲并称为“二王”。

公元 379 年，王羲之病逝，享年 58 岁。

齐白石

为万虫写照，为百鸟张神，要自己画出自己的面目。

——齐白石

齐白石于1864年11月出生于湖南湘潭白石铺乡的一个农民之家。16岁时，齐白石开始师从刻花木匠，希望能掌握一门手艺用以谋生。渐渐他对雕刻产生了极大的兴趣，经常描画钻研到深夜。20岁那年，他在做活时意外地发现了一套康熙年间刻印的《芥子园画谱》，立刻爱不释手，齐白石如饥似渴地用了半年时间将其全部临摹下来，并且反复临摹积累了上千张手稿。这一时期，没有名师指点，一切都是他自己独立完成的，这些经历为他以后的创作奠定了坚实的基础。

1889年的一次偶然的机会，齐白石认识了颇有才学的私塾先生胡沁园和陈少蕃。在他们的指导启发下，齐白石开始了他读书绘画的艺术生涯。经过几年的勤奋努力，齐白石不仅在绘画技艺上有了很大的提高，并在传统绘画技法的基础之上创造了一些新技法，创作了大量富有诗情画意的作品。三十多岁时，齐白石把书画功夫相结合，开始苦练治印。他拜著名治印家黎松安、黎铁安为师，结合雕花手法，加上自己的领悟，刻印技艺渐渐自成一家。

1902年，年近40的齐白石开始游历大江南北、名山大川，了解当地的风土人情，创作了为数众多的速写作品，同时结识拜访了许多有真才实学的画界名人，鉴赏临摹了许多名画、书法、碑拓等艺术作品。这些大大开阔了他的胸怀，也提高了他的审美能力和鉴赏能力，使他渐渐步入文人画师行列。

1909年暮秋，齐白石回到故乡，购置了一所房子，取名“寄萍堂”，在这里，齐白石总结了多年游历的心得，细细钻研揣摩，有所体味就泼墨成画。他每天除坚持作画外，还用功苦读诗词，从各方面增强自己的修养。通过10年的刻苦磨砺，齐白石终于形成了他所独有的朴实、自然的创作风格。

1919年初春，齐白石为避战乱定居北平，他不断地观摩学习名家之画，从中汲取营养，特别是黄宾虹的画，对他启发很大。后来他创造了中国画工笔草虫和现实写意花卉相结合的特殊风格，他的作品得到了陈师曾等人的欣赏。齐白石在他们的提携下名声大噪。1927年初春，齐白石被国立北平艺术专科学校聘请为教授。他把自己几十年的绘画创作经验毫无保留地传授给学生，著名画家王雪涛、李苦禅、李可染等都是他的得意门生。齐白石大器晚成，他在成名之后的十多年中创作出了万幅以上的作品。

60岁以后，齐白石的画风遽变，重视创新，融合了传统写意画和民间绘画的表现手法，形成了独特的艺术风格。他尤其擅长画花

齐白石的故居坐落于北京西城区跨车胡同，这一处略显陈旧的四合院，在现代的高楼大厦中独守着一份古朴与从容。

鸟虫鱼，笔墨纵横雄健，造型质朴，色彩鲜明。他一生画虾，不断追求艺术妙境，到晚年真正达到了炉火纯青的地步。对画技他曾说过一句话“妙在似与不似之间”，成为当时传诵的名言。

1937 年，日军侵占北平。北平沦陷之后，齐白石愤然辞去教职，从此紧闭大门，这些充分表现了这位老艺术家的民族气节。直到 1945 年日本投降，他才公开露面，1946 年初他重新开始了他的卖画生涯。

80 岁前后，齐白石治印的篆法、章法、刀法都表现出了鲜明的特色，被誉为“印坛泰斗”。他的画作造型简括，神态生动，笔力雄健，墨色强烈，书与印苍劲豪迈，刀笔泼辣，神奇趣逸。他将画、印、诗、书熔为一炉，把中国传统艺术水平提升到一个新的高度。

新中国成立后，齐白石曾任中国美术协会主席，被誉为“人民艺术家”。

1957 年 9 月 16 日，齐白石逝世于北京，享年 93 岁。1963 年，他被选为世界十大文化名人。

梅兰芳

那冰轮离海岛，乾坤分外明，皓月当空，恰便似嫦娥离月宫，奴似嫦娥离月宫。

——梅兰芳

梅兰芳1894年2月2日出生于北京城内一个京剧世家。1901年，7岁的梅兰芳开始学戏。

梅兰芳曾多次拜师学艺，戏路很宽，不仅精通青衣、花旦、刀马旦的旦行表演艺术，还掌握了生行等其他行当的表演技巧，经过充分挖掘和潜心钻研，逐渐形成了自己艺术上的流派——梅派。1921年组建“崇林社”的时候，他已和京剧大师杨小楼齐名。同时，“梅派”艺术也进入了新阶段。

梅兰芳的“舞”出神入化，形态逼真，在演《长恨歌》时，他的“舞”就是全剧的高潮。梅兰芳的京剧唱腔，从朴素的“情”过渡到华丽的“文”，努力使唱词文字典雅绚丽，并在曲调上引入了昆曲，加以变通，形成了他独有的唱腔特点。1936年梅兰芳通过学习，掌握了如何用气、换气、提气、偷气等功夫。他对气的理解和运用已经达到了臻于完美的神奇境界。

梅兰芳工青衣，兼演刀马旦。其扮相端丽，唱腔圆润，台风雍容华贵，典雅大方。

梅兰芳经过谭鑫培和杨小楼两位京剧大家的指点，加之他的天赋和勤奋，取得了辉煌的艺术成就。梅兰芳在“四大名旦”中自始至终占据着领衔的位置。

1935 年，梅兰芳访问苏联时，因坐火车须经过伪满洲国，他宁愿长途奔波坐船到苏联也不坐火车，体现了他崇高的民族气节。

在上海，恰逢日本大举入侵中国。梅兰芳不甘做亡国奴，无可奈何之际，他想自杀却又不忍，想归隐又不能。两难之际，日本侵略者用金钱利诱他为日本人唱戏，梅兰芳发誓赶不走日本人决不上舞台，并蓄须明志，1945 年 8 月 15 日听到日本投降的消息后，他立即刮去了长长的胡须，当众宣布将重返京剧舞台。

新中国成立后，梅兰芳受到党和政府的重视，继续活跃在戏剧舞台上。1959 年，梅兰芳剧团成立。梅兰芳努力让自己成为“完全彻底为人民服务”的人，他常告诫自己：生出“不满足”，可；生出“不满意”，则坚决不可。

1961 年 8 月 8 日，梅兰芳逝世，享年 67 岁。他是京剧“四大名旦”之首，是旦角中“前无古人”的大家。

达·芬奇

趁年轻少壮去探求知识吧！它将弥补老年带来的亏损。智慧乃是老年的精神的养料，所以年轻时应该努力，这样年老时才不致空虚。

——达·芬奇

1452年，达·芬奇出生在意大利佛罗伦萨附近的芬奇镇。孩提时代的达·芬奇聪明伶俐、勤奋好学、兴趣广泛，尤其喜爱绘画，常为邻里们画画，有“绘画神童”的美称。

14岁时，他被送往佛罗伦萨，拜著名的艺术家维罗齐奥为师，开始系统地学习造型艺术。维罗齐奥对学生要求很严格，有自己独特的一套训练方法。达·芬奇在他的指导下开始勤练基本功，学习各类艺术与科学知识，为他以后取得卓越的成就打下了坚实的基础。

《最后的晚餐》表现的是基督在被捕前，与十二门徒共进晚餐时说出有人出卖他的消息时的情景，是达·芬奇最富盛名的作品之一。

经过不断地学习和努力，到20岁时，达·芬奇在艺术上已取得了很大的成绩，成为公认的画家。他的早期作品不仅体现了人文主义思想，还形成了独特的个人艺术风格。在当时，绘画的选题和表现手法都受到封建社会的限制，但达·芬奇的思想不受其约束，崇尚解放与自由。

达·芬奇一生在绘画上孜孜不倦地追求，为我们留下了许多名垂千古的杰作。他的壁画《最后的晚餐》、祭坛画《岩间圣母》和肖像画《蒙娜丽莎》都是世界艺术宝库中绝无仅有的珍品。

《蒙娜丽莎》是达芬奇最富盛名的作品，是卢浮宫的镇馆之宝。几百年来，那抹神秘的微笑令无数人为之倾倒。

达·芬奇道德高尚，举止文雅。他的才华表现在许多方面。作为哲学家，他认为知识来源于实践，必须从实践出发，通过实践去探索科学的奥秘。这一理论，后来得到了伽利略的进一步肯定，并由英国哲学家培根从理论上加以总结，成为近代自然科学最基本的方法。在天文学上，达·芬奇否定了传统的“地球中心说”。他在解剖学和生理学上也取得了巨大的成就，被认为是近代生理解剖学的始祖。他的研究和发明还涉及军事和机械方面，并在数学领域和水利工程等方面也贡献巨大。他通过深入观察，模仿鸟的翅膀设计了一个类似于飞机的飞行机械。他还设计了纺车、机床、冲床，最早提出了地质学的概念。他的科学实践为以后的科学发展提供了思想源泉。他出众的才华和永不满足的探索精神不断激励着后人向更高的目标奋进。可以说，达·芬奇是世界上少有的全面发展而且成就突出的天才学者。

达·芬奇的晚年是在漂泊中度过的。1517 年，他离开意大利寄居法国。1519 年 5 月 2 日，达·芬奇在法国与世长辞，享年 67 岁。

米开朗基罗

完美，是经过一系列恶心之后达到的。

——米开朗基罗

米开朗基罗于1475年3月6日出生于意大利佛罗伦萨的卡普莱斯镇。正如恩格斯曾经指出的，那是一个“需要巨人而产生巨人”的时代，米开朗基罗就是这个时代孕育出的伟大巨人。

米开朗基罗是一个旷世奇才，他出生后就被寄养在一个勤劳而善良的石匠家里。在那里他受到了最初的艺术启蒙。米开朗基罗特别喜欢画画，13岁那年，为了自己的爱好，他毅然离家出走，到佛罗伦萨师从一位著名画家基兰达约，开始专门学习画画。1789年，他又进入一所雕刻学校潜心学习雕刻，在那里接受了严格的训练和先进的人文主义思想熏陶，开始了自己的创作生涯，并取得了巨大成功。

1498年—1500年，米开朗基罗创作《哀悼基督》并一举成名。1501年他回到故土，创作了《大卫》，艺术风格日趋成熟。然而专横残暴的罗马教皇朱里奥二世强令他为教会无偿服务。从此以后，米开朗基罗开始了屈辱痛苦的生活。但他的艺术思想和创作风格始终没有改变。他把一生的坎坷和不幸，内心的痛苦与挣扎，人世间的悲伤和不平，都凝聚在手中的画笔和雕刻刀上，用艺术的语言真切地表达了他内心的感受。

1508年，米开朗基罗接受了为罗马西斯廷教堂天花板绘画的任务。屋顶的面积有300平方米，20多米高，人物343个，在此之前还从未有人画过如此宏伟的壁画。

米开朗基罗在绘画时要爬上很高的脚手架，仰着脖子，弯着腰，

西斯廷教堂因米开朗基罗的不朽名作《创世纪》和《最后的审判》而名扬天下。

艰难地在天花板上绘画，一干就是几个小时。就这样，他花了整整 4 年零 3 个月的时间完成了这幅轰动意大利的巨型壁画。

1524 年，他创作了《昼》与《夜》、《旦》与《夕》两组象征性雕塑，1542 年创作完成了巨画《最后的审判》。16 世纪 40 年代后期，他设计了罗马的法尔涅塞宫，还负责圣彼得大教堂的建造，成就突出。

1564 年 2 月 18 日，米开朗基罗在工作室逝世，享年 89 岁。

米开朗基罗的艺术与达·芬奇的有截然不同之处。达·芬奇的作品饱含科学精神和哲学思考，而米开朗基罗的作品则倾注了极大的悲剧性激情。他以宏壮瑰丽的形式将其内涵表现得淋漓尽致，他塑造的英雄形象是理想与现实的完美结合。这一切都将米开朗琪罗的艺术推向了西方美术史的巅峰。

莫扎特

奥地利作曲家莫扎特是古典乐派最典型的作曲家，与海顿、贝多芬并称为维也纳古典乐派三大作曲家。

莫扎特于1756年1月27日出生于奥地利维也纳附近的萨尔茨堡。莫扎特自幼天资聪明，显露出超人的才华，被誉为“音乐神童”。

莫扎特的父亲发现儿子的音乐天赋后，便开始全力以赴地培养他。为了开阔眼界并获得皇家赏识，从1762年起，在父亲的带领下，6岁的莫扎特和11岁的姐姐玛丽安娜周游德、奥、法、英、意等国，开始了长达10年的旅行演出。当他的父亲带他去拜见大诗人歌德时，歌德说：“莫扎特是世界的第九大奇迹。”在英国演出时，莫扎特得到了当时著名的音乐大师的指导，同年他创作了一首交响乐和几首奏鸣曲。11岁时，莫扎特创作了最初的歌剧《装痴作傻》，14岁时，他为意大利米兰歌剧院创作歌剧并亲自担任指挥，当时观众们激动地高呼：“小音乐家万岁!”同年，他获得鲍伦亚学院院士称号，被罗马教皇授予了“金距轮”奖章。

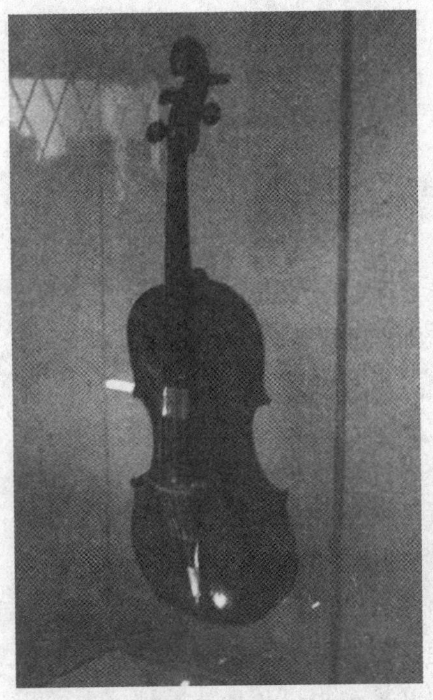

莫扎特的小提琴协奏曲，妩媚而不失风雅、婀娜而不乏俏皮可爱，其中以第三首和第五首被演奏得最多。

1772年，16岁的莫扎特结束游历生活，回到了家乡萨尔茨堡，在大主教的宫廷乐队里担任首席乐师。由于难以忍受大主教的专横，莫扎特辞去了乐师职务，再次开始外出旅历。但现实使他再次回到家乡，回到了大主教的宫廷里，大主教更加刻薄地对待他。虽然这段时间莫扎特的生活充满艰辛，但是他创作了许多交响乐、协奏曲和歌剧。1781年，他终于与大主教决裂。莫扎特虽然越来越出名，但却越来越穷困，有时甚至连吃饭都成问题，经常要向人借钱。在寒冷的冬天，莫扎特买不起取暖的木炭，夫妻二人不得不以跳舞来取暖。尽管生活贫困，他却把更多的激情注入到音乐中，创作出许多优秀的作品。

莫扎特在维也纳的最后10年，是他进行音乐创作的最重要的时期。在这最后的10年里，莫扎特写下了自己最辉煌的作品，包括著名歌剧《费加罗的婚礼》，《魔笛》，第三十九、四十、四十一交响曲等世界著名作品。

1791年12月6日凌晨，莫扎特默吟着自己心爱的歌剧《魔笛》的旋律，在音乐的环绕下闭上了眼睛，年仅35岁。他在短短的一生中，创作出数量惊人的音乐瑰宝：歌剧22部，交响曲41部，钢琴协奏曲27部，小提琴协奏曲6部。他的音乐被人们称为“永恒的阳光”，因为他的音乐带给人的是一种纯真与美好。

贝多芬

音乐应当使人类的精神爆发出火花。

——贝多芬

贝多芬于 1770 年 12 月 16 日出生在德国波恩市的一个音乐世家。他从小就表现出了非凡的音乐天赋。贝多芬年轻时访问过维也纳，在那儿结识了莫扎特。他曾打算拜莫扎特为师学习作曲，但是却接到母亲病重的消息，于是匆忙赶回家，一直守护在母亲的身旁，直到母亲去世。1792 年，贝多芬再次来到维也纳并在此定居，师从海顿、申克等人。

在老师的指导和影响下，贝多芬一步步迈入音乐的最高殿堂，不久就成为了一名多产的作曲家，作品颇受欢迎。在创作上，他大胆创新，并发挥即兴演奏的优势，创作了一大批优秀的作品。

有一次，贝多芬与几个朋友到郊外散步，看到美丽的田野，翠绿的青山，蜿蜒的河流，他不禁陷入沉思。朋友们都有说有笑，他却一言不发。过了一段时间，他突然大喊："找到了！我找到了！"说完便狂奔回家。回到家以后，他立刻把刚才的自然美景用钢琴以音乐的形式弹奏出来。就这样，著名的《第四交响乐》诞生了。

1798 年，他的听觉开始衰退，经过多方治疗都不见好转，并且还日益恶化。1802 年—1815 年他的失聪症

贝多芬与海顿、莫扎特一起被称为“维也纳三杰”，是维也纳古典乐派代表人物之一，他的作品对音乐发展有著深远影响。

不断加剧，因此深居简出，性格变得越来越孤僻。1801 年—1806 年，他遭遇了两次爱情失败，使他在精神上深受打击，但这也促使他把更多的心血投入到了艺术创作中。

贝多芬不断地谱写出大量的音乐作品，如 1804 年创作的《英雄交响曲》，1808 年创作的《命运交响曲》。1820 年后，饥饿、疾病使贝多芬完全耳聋。他不能再登台演出，性格也变得更加孤独怪僻。他很少关注当时为观众喜闻乐见的音乐，而是投入了更大精力进行创作。他完成了第九号提琴奏鸣曲《克罗采》、第二十一号钢琴奏鸣曲《华德斯坦》、第二十三号钢琴奏鸣曲《热情》，歌剧《费黛里欧》、《第四号钢琴协奏曲》、《D 大调小提琴协奏曲》、第六交响曲《田园》、第五钢琴协奏曲《皇帝》等不朽名作。

这位天才的作曲家在饱尝失聪的痛苦的同时，以超人的毅力继续创作着，取得了令人难以置信的成就。1824 年，他完成了一生中最负盛名的《第九交响曲》。

晚年的贝多芬因耳聋不能与别人对话，只有靠一支笔、一个本子与别人交流。虽然这样，他仍然继续自己的创作生涯。1826 年，他一病不起，最终于 1827 年 3 月 26 日与世长辞，享年 57 岁。

凡·高

为了更有力地表现自我，我在色彩的运用上更为随心所欲。

——凡·高

凡·高 1853 年 3 月 30 日出生于荷兰北部的津德尔特村的牧师家庭。他 9 岁时就显露出过人的美术天赋，画过一些实物速写，并临摹石版画。在其兄弟泰奥的帮助下，他开始学画，在家人的鼓励和姐夫的指导下，凡·高在绘画方面取得了一些进步。

贫困的生活将凡·高逼迫到生存的最底线，但他始终不改对艺术的痴迷与执着，他的一生没有为改变贫穷的命运而偏离过既定的轨道。他的早期画风深受荷兰传统绘画与法国现实主义画派的影响，注重写实。1886 年凡·高来到巴黎，结识了大批知名印象主义画家，并接触到日本的浮世绘作品，视野大为开阔，作品色调也变得明亮起来。1887 年，凡·高两次在劳工阶级的咖啡馆和饭馆展出自己的作品。不久，他厌倦了巴黎的生活，对印象主义和新印象主义的画风也有所怀疑。

凡高是表现主义的先驱，深深影响了二十世纪艺术，尤其是野兽派与德国表现主义。

1888 年 12 月，凡·高因精神失常，割下自己的一只耳朵。他的病情时好时坏，于 1889 年夏到圣雷米精神病院休养。1890 年 5 月出院，他途经巴黎，稍作休息后，迁居瓦兹河畔的欧韦，接受医生的监护。7 月凡·高曾去巴黎探望泰奥

一家，并会见了图卢兹·洛特雷克。返回后因旧病复发，凡·高于7月27日开枪自杀，29日清晨离世。

凡·高在印象主义和新印象主义影响下创作的风景画如《塞纳河滨》《带烟斗的人》等，是转折时期的作品。凡·高创作的成熟期是1888年到阿尔勒以后，他大胆地探索、自由地抒发内心的感情，追求线和色彩自身的表现力。这一年他创作了46幅画，凡·高一生共创作了800多幅作品。阿尔勒时期的名作有《向日葵》《邮递员罗兰》《椅子和烟斗》《咖啡馆夜市》《抽着烟斗、包扎着耳朵的自画像》等。雷米时期和在瓦兹河畔欧韦创作的作品，著名的有《星光灿烂》《凡·高在阿尔勒的卧室》《加歇医生》《欧韦的教堂》等。

凡·高生前并未得到过社会的真正承认。1888年，由于泰奥的帮助，他的三幅油画和数幅素描，才得以在独立沙龙展出。凡·高生前只卖出一幅画，售价4英镑，所以一直过着贫苦的生活。而100年后凡·高的《向日葵》以4200万美元的价格售出。后来，他的《蝴蝶花》在一次拍卖中，售价高达5350万美元。这是我们迄今所知的艺术品的最高价之一。凡·高为人类留下的艺术珍品将永放光芒。

毕加索

我的每一幅画中都装有我的血，这就是我的画的含义。

——毕加索

毕加索 1881 年 10 月 25 日出生于西班牙南部的马加拉省。受父亲的影响和教育，毕加索从 8 岁就开始学习绘画，很早就显露出自己的才华。

1900 年，毕加索在巴黎举办了首次画展，引起了法国绘画界的注意。1904 年，毕加索定居巴黎。这一时期毕加索的画以蓝色为主，主要表达人的痛苦，他以独特的个人风格确立了他在绘画界的地位。和女画家奥利维埃生活在一起以后，虽然生活依旧贫困，但毕加索作品的色调明快了许多，进入“粉红色时期”——以玫瑰红为主调。代表作有《沙蒂姆邦克一家》《站在球上的少女》《拿扇子的女人》等。1908 年以后，毕加索开创了“立体主义”的绘画风格，代表作品有《阿德尼翁姑娘》。他和另外一位法国画家布拉克画了许多风景和静物，追求形式上的奇异效果，用一种小平面来表现物体。在此后很长的一段时间中，毕加索的画风不断发生变化，从立体主义到新古典主义，然后又变成了超现实主义。所以，在西方美术史上，他既是立体主义的创始人，又是新古典主义和超现实主义的主要代表。

毕加索是当代西方最有创造性和影响最深远的艺术家，他和他的画在世界艺术史上占据着不朽的地位。

1937年，德国法西斯对西班牙小镇格尔尼卡进行了长达三个多小时的空袭，将小镇夷为平地。毕加索闻讯后非常气愤，以这一事件为题材创作了他最著名的代表作——壁画《格尔尼卡》。这幅画的色调是黑、白、灰三色，结合立体主义、现实主义和超现实主义的风格表现痛苦、不幸和人性深处的兽性，以深刻的内涵表达了对法西斯暴行的强烈抗议。1944年巴黎解放后，毕加索举办了战时作品的大型展览，获得了极高的荣誉。战后，他又特意为世界和平大会画了著名的《和平鸽》。

毕加索的一生赢得了无数辉煌与喝彩。他是不断变化艺术手法的探求者，他将大多数画派的艺术手法与自己的创作风格相互融合从而创作出独具风格的艺术作品。而且，他在各种艺术手法的使用中又都能够达到完美的和谐与统一。在他的作品中，无论陶瓷、版画，还是雕刻都能看到有如童稚般游戏的独特意境。可以说，毕加索是20世纪最具有影响力的现代派画家，他的成就是后人无法超越的。

1973年，毕加索因病逝世，享年92岁。

卓别林

无论天资有多么高，他仍需学会了技巧来发挥那些天资。

——卓别林

查尔斯·卓别林1889年4月16日出生于英国伦敦的一个贫民区。小卓别林长得聪明伶俐，非常喜欢唱歌跳舞。5岁时，他代替嗓子失声的母亲登台演出，并获得成功。

卓别林一心向往当一名演员，并积极为此寻找机会。12岁时，他在一个巡回剧团找到了工作，接受舞台剧的一个小角色，正式登台，开始了演艺生涯。随后，他又在一个叫凯西的马戏团里做事。工作期间，他刻苦努力、精益求精，不断汲取古典幽默剧的优良传统，初步形成了一套独特的哑剧风格。

1907年，卓别林被卡尔诺剧团录用，在《哑鸟》等剧中担任主角并获成功，从此声名大噪。卓圳林经常随团到各地演出，接触到更多的新鲜事物。

卓别林在纽约演出时，引起了好莱坞片商的注意。1913年底，他和基斯顿公司签订了合同，正式成为该公司的演员。卓别林从此开始了他的银幕生涯。

卓别林在1914年拍了第一部电影《谋生》，并在一

年内主演了35部短片，其中21部是他自编、自导的。他所饰演的流浪汉夏尔洛的形象赢得了观众的广泛认同。很快，卓别林便轰动全球，成为家喻户晓的大明星。

1914年，第一次世界大战爆发。卓别林决心揭露、抨击残害人民的各种邪恶势力。1915年卓别林转入埃山奈公司，并拍摄了15部经典影片。他先后完成了社会讽刺片《安乐街》《移民》《狗的生涯》和《夏尔洛从军记》等影片，这些影片从不同角度揭露了战争给人们带来的灾难。他的影片短小精悍、妙趣横生。

此后，富有正义和社会责任感的卓别林拍摄了《淘金记》《大独裁者》《摩登时代》《凡尔杜先生》等优秀影片，以此来揭露黑暗现实。1952年他因受麦卡锡主义迫害定居瑞士。

1954年5月，在柏林召开的世界和平理事会宣布，颁发给他国际和平奖金。1972年美国政府勉强更正了对他的裁决，同年他访问美国，并接受奥斯卡特别荣誉奖。

1977年12月25日，卓别林与世长辞，享年88岁。

政治军事巨擘

ZHENGZHI JUNSHI JUBO

秦始皇

及至始皇，奋六世之余烈，振长策而御宇内，吞二周而亡诸侯，履至尊而制六合，执敲扑而鞭笞天下，威振四海。

——贾谊《过秦论》

秦始皇姓嬴名政，公元前 259 年生于赵国都城邯郸。当时他的父亲异人作为人质被扣押在赵国。公元前 257 年，赵国战败，想杀掉异人，异人在富商吕不韦的帮助下逃回秦国。赵王盛怒，要杀赵姬母子，赵姬怀抱嬴政东躲西藏。风声过后，母子俩悄悄地回到了秦国。

在吕不韦的帮助下，异人于公元前 249 年继承了王位，即庄襄王。公元前 247 年，庄襄王因病身亡，太子嬴政顺理成章地成为秦王。吕不韦被尊为相国，主持朝政，大权落入太后赵姬、吕不韦等人手中。

秦始皇对中国和世界的历史均产生了深远而重大的影响，被明代思想家李贽誉为“千古一帝”。

公元前 238 年，嬴政亲政后下令发兵镇压叛乱，并于次年借机解除了吕不韦的相国职位。

秦王嬴政安定了国内形势之后，开始进行统一六国的战争。从公元前 230 年灭韩，到公元前 221 年灭齐，嬴政用了 10 年时间扫灭六国，一统天下。

秦始皇结束了长期的封建割据局面，建立了中国历史上第一个多民族的中央集权的封建国

家——秦。统一全国后，嬴政自称“始皇帝”，建立起中央集权的政治体制。

秦始皇在中央设立三公九卿的统治机构，在地方实行郡县制，把全国分为36个郡，由中央直接管辖。为了促进地区之间的经济文化交流，便于中央管理，秦始皇首先采取“书同文，车同轨”的措施。秦始皇统一了货币和度量衡，他还颁布诏书，废除六国旧制，把商鞅变法时确立的秦国度量衡标准推向全国。

中原地区稳定以后，秦始皇又着手巩固北部和南部的边防。公元前215年，秦始皇派蒙恬率兵北击匈奴，收复了河套地区。随后，他又下令修筑了著名的万里长城。在南方，秦始皇征服了百越，设立了会稽郡。

秦始皇是一个功勋卓越的政治家，对历史的发展作出了巨大的贡献。但是，在他统治期间，他专制暴虐、严刑苛法，租役繁重、大兴土木，繁重的徭役给人民带来了深重的苦难。公元前213年焚书坑儒还严重地摧残了中国的文化。

公元前210年7月，秦始皇病死在沙丘平台（今河北巨鹿境内），年仅51岁。

李世民

以铜为镜，可以正衣冠；以古为镜，可以知兴替；以人为镜，可以明得失。君者，舟也；庶人者，水也。水能载舟，亦能覆舟。

——李世民

唐太宗李世民统治天下时期，国家强盛，各国纷纷效仿，故外国人常常称我们为“唐人”。

公元599年，李世民出生在武功郡。他自幼便聪颖伶俐，胸怀大志，具有非凡的气概和胆略。

公元615年，天灾人祸交加，隋朝的局势动荡不安，地方将领和豪杰纷纷起兵反叛。公元617年5月，李渊在太原起兵。因关中空虚，11月李家便攻下长安。公元618年，李渊自立新朝，国号为唐，李渊即为唐高祖。当时天下大乱，群雄并起，年轻的李世民领兵出征，开始了统一之战。李世民采取了“先西后东”的战略方针，5年内取得了三大战役的胜利。经过7年不停征战，李世民率领唐军完成了统一天下的大业。

公元626年6月，李世民在长安玄武门设下伏兵，一举诛灭了太子李建成集团。同年，李渊退位，李世民即位，即为唐太宗。他大赦天下，全国免除赋税徭役一年。

夜幕下的西安古城尽显它丰厚的历史底蕴。

李世民用人以德才为标准，不分新人、旧人和亲疏贵贱，只要有德才，便会人尽其才。李世民又是一个善于纳谏的君主，能随时用隋亡的教训来提醒自己。李世民还打破当时传统门第观念，继承隋朝的科举制度并进一步固定下来，使出身寒微而有才华的人能有机会报效国家。

李世民从 18 岁开始征战四方，到 27 岁登上帝位，一直是在戎马倥偬的战场上度过的。为了唐王朝的江山永固，他登上帝位之后，不但自己手不释卷地读书学习，而且要求臣下和各级官吏也要认真读书，共同讨论研究治国之道。李世民对贪官污吏十分痛恨，他以惩办和教育相结合的手段来整肃吏治，取得了良好的效果。李世民重视建立健全法律制度，特别强调谨慎而行。在贞观年间，执法机关能够严格依法办事，冤案数量明显减少。

李世民锐意开拓，攻破东突厥，平定高昌，并打击了西突厥，解除了数十年的边患，继汉武帝之后再次打通了西域的交通，促进了东西方之间的文化交流。他还采取了与各少数民族和亲政策，使各民族能和睦相处。

公元649 年，李世民在长安病逝，享年50 岁。李世民在位的23 年，政治开明，经济发展迅速，社会也比较安定，被后人称为“贞观之治”。

成吉思汗

蒙古人在战场上取得如此伟大的胜利，这并不靠兵马之众多，而靠的是严谨的纪律、制度和可行的组织。也可以说，那些辉煌的成就来自于成吉思汗的指挥艺术。

铁木真1162年出生于蒙古高原鄂嫩河畔乞颜部的一个贵族家庭。铁木真的父亲于1170年被塔塔儿人毒死，从而家族败落。铁木真在苦难中不断成长，变得坚强睿智。青少年时期他便武艺超群、才智过人，远近闻名。

1196年，铁木真联合王罕，配合金国军队，在斡里札河围歼了反叛金国的塔塔儿部，杀死了他们的首领，报了杀父之仇。战后，金国封王罕为王，任命铁木真为招讨使，铁木真声名大噪。1206年铁木真征服了各部族，统一了西起阿尔泰山、东到兴安岭的整个蒙古草原。各部贵族在斡难河源头举行盛大的集会，推举铁木真为大

成吉思汗陵近景。

汗，称为成吉思汗，建立了强大的蒙古国。

蒙古国建立之后，成吉思汗便开始向外扩张。1207 年派长子术赤北征“林中部落”。1209 年—1211 年，成吉思汗先后三次攻打西夏，迫使西夏称臣纳贡，并随同蒙古一同进攻金国。1211 年，成吉思汗南下进攻金国，1215 年，攻占了中都燕京。1218 年花剌子模刺杀蒙古商人、使者。1219 年，成吉思汗踏上征讨花剌子模的万里西征之路。1220 年，成吉思汗连破花剌子模的要塞，于 1222 年血洗花剌子模中心城市玉龙杰赤，并且派军深入巴基斯坦、印度追击逃敌。之后，大军继续西进，征服了阿塞拜疆，横扫伊拉克，并于 1223 年跨过高加索山，在阿里吉河打败俄罗斯与钦察联军，他将征服的广大国土分给三个儿子，建立了钦察汗国、察合台汗国和窝阔台汗国。1222 年，成吉思汗决定东归，1225 年，回到蒙古，这场持续了 7 年的西征终于结束。

1226 年，成吉思汗再次进攻西夏。1227 年 7 月，成吉思汗病死军中。同月，西夏灭亡。成吉思汗死后，他的子孙们继续他未竟的事业，攻灭西夏、金国、南宋，建立起一个空前庞大的大帝国。元朝建立后，成吉思汗被追尊为元太祖。

成吉思汗的辉煌战绩在中国乃至世界战争史上都是无与伦比的，他因此被尊称为“一代天骄”。

草原的马壮羊肥为成吉思汗的席卷天下创造了物质条件。

克伦威尔

我宁愿要一个懂得自己的战斗目标、热爱所热爱认识的东西的布衣粗服，而不要你们称为“绅士”而别无优点的将领。

——克伦威尔

克伦威尔于1599年生在英国亨廷登郡的一个中等绅士家庭，17岁时进入剑桥大学学习，父亲去世后，便辍学回家。1628年，他被选入议会。1642年，英国首次内战爆发，他毅然参战反对国王查理一世。战争初期，议会军节节败退，克伦威尔十分焦急，他决定自己出钱建立一支纪律严明，有战斗力的队伍。

克伦威尔从剑桥郡的自耕农和手工业者中间选择士兵，要求他们具有革命热情，英勇无畏，并能自觉遵守纪律。起初，他的队伍只有60人，但他们英勇善战，以少胜多，被称为“铁骑军”。克伦威尔率领铁骑军扭转了战场上的局面，铁骑军所到之处，敌人无不闻风丧胆。

1644年7月2日下午7时，议会军和国王军在英格兰北部的马斯顿草原上相遇。克伦威尔凭借出色的军事指挥才能，率领铁骑军英勇冲杀，把王党军杀得全军溃散而逃，赢得了决定性的胜利。尽管这样，查理一世的势力仍旧十分强大，国会内部矛盾尖锐。1646 年 6 月，克伦威尔攻克王党军大本营，不久后俘虏了查理一世。

1649 年 1 月 30 日，查理一世被送七了断头台。克伦威尔开始掌握国家统治权。查理一世被处决仅一个星期，苏格兰议会便宣布拥立查理一世的儿子查理二世为国王，并且加紧备战，准备出兵讨伐英格兰。同年 9 月，苏格兰军队入侵爱尔兰。1651 年 9 月 3 日，克伦威尔全歼苏格兰军队，查理二世逃到了法国。克伦威尔占领了整个苏格兰，从此，他获得了“常胜将军”的称号。

克伦威尔的杰出军事才能帮助英国成功推翻了封建制度。

随着军事上的胜利，克伦威尔的个人野心也膨胀起来，已不满足于仅仅指挥军队，他企图独揽大权，1653 年 4 月 19 日，克伦威尔在伦敦召开军官会议，要求议会自动解散。1653 年 12 月 16 日，克伦威尔就任英格兰、爱尔兰、苏格兰三国的护国公兼任陆海军总司令。他把国家的立法、行政、军事、外交大权都抓在自己手中，成为实际上的独裁者。克伦威尔统治期间，他打败荷兰等国取得各种海上特权，为英国确立了海上霸权。

1658 年，克伦威尔病逝。

拿破仑

个人应养成信赖自己的习惯，即使在最危急的时候，也要相信自己的勇敢与毅力。

——拿破仑

拿破仑1769年8月15日出生于科西嘉岛的一个贵族家庭。1779年，拿破仑进入布里埃纳军校学习，成绩突出。15岁他进入巴黎陆军学校学习，深受法国启蒙思想的影响。

从巴黎陆军学校毕业后，16岁的拿破仑当上了一名炮兵少尉。1789年法国革命爆发，拿破仑有了展露才干的机会。在拿破仑指挥下的炮兵部队攻占了土伦。从此拿破仑声名大噪，不久便被破格提升为准将，之后，拿破仑被任命为法国“国防军”副司令。1799年，拿破仑从战场上悄然返回法国，发动了“雾月政变”，夺取了政权。1804年拿破仑加冕称帝，即拿破仑一世，法国进入了法兰西第一帝国时期。

1814年的莱比锡战役使拿破仑惨败给反法联盟。之后，反法联军占领巴黎，拿破仑被流放到意大利海边的厄尔巴岛。1815年，拿破仑成功逃出流放地，返回法国，受到了热烈欢迎，复辟成功。其他欧洲列强立即向法国宣战，拿破仑在滑铁卢战役中惨败。不久后，他被流放到大西洋中的圣赫勒拿岛。1821年拿破仑去世，终年52岁。

甘 地

一个被感情支配的人永远见不到真理。要成功地寻得真理，就要完全从爱与憎、福与祸的双重包围中解脱出来。

——甘地

甘地于1869年10月2日出生在印度波尔班达尔城一个虔诚的宗教家庭。15岁时，有一次他为了还债，偷了哥哥手镯上的金子。事后，他给父亲写信请求原谅，躺在病床的父亲反倒被真诚悔过的儿子感动得热泪盈眶。19岁时，他不顾族人反对，远涉重洋，赴伦敦求学。通过短暂的迷茫与摸索之后，他坚持了原有的宗教信仰并吸取了其他宗教教义，接受了英国法制思想的教育，并于1891年取得了律师资格。

1891年，甘地回到印度。1893年赴南非处理债务案，却遭歧视和侮辱。在斗争过程中，形成了非暴力学说。1915年返回印度。一年以后，他开始发表演讲，宣传自己的主张，从事非暴力斗争，试验并发展了非暴力学说。“非暴力不合作运动”在1930年的“食盐进军”中达到了高潮。这一年，英国殖民当局制定

和颁布了食盐专营法，任意抬高盐税和盐价，引起了当地人民的强烈不满。于是甘地号召印度人民自制食盐，以此来抵制当局的食盐专营法。经过 24 天的徒步行走，到达海边时他的队伍已有上千人。每天清晨，他们先在海边祈祷，然后打来海水，蒸煮、分馏、过滤、沉淀。艰苦的劳动，对于因多次进行绝食斗争而疾病缠身、已是 60 岁开外的甘地来说不是件容易的事，但他一直坚持着，直到被捕。

印度各报对甘地的“食盐进军”进行了广泛报道。沿海各地纷纷响应甘地的号召，自制食盐。与此同时，全国各地都开展了反对英国殖民统治的斗争，罢工、罢课、游行示威，请愿运动一浪高过一浪。殖民当局十分惊恐，他们逮捕了甘地和国大党的其他领导人，并下令取缔国大党。后来殖民当局迫于形势释放了甘地，撤销了取缔国大党的禁令。随后，当局与甘地达成了协议：若甘地改变不合作态度，停止不合作运动，当局则释放政治犯，允许沿海人民煮盐，这就是《甘地—欧文协定》。1934 年甘地退出国大党。1941 年他连续发动非暴力抵抗运动，均遭到镇压。

1947 年 6 月，经过长期的斗争，印度人民终于获得了独立。独立后的印度一度出现宗教仇杀，甘地开始绝食，最终使一些风波得以平息。

1948 年 1 月 30 日，在赴祷告场途中，他不幸被一个狂热的印度教极右派分子刺杀身亡，终年 79 岁。

罗斯福

个性的造就由婴孩时代开始，一直继续到老死。

——罗斯福

罗斯福1882年1月30日出生于美国纽约州海德庄园的一个富有家庭，他小时候经常随父母游历欧洲，积累了不少的生活阅历。18岁考入哈佛大学攻读政治、历史和新闻。大学期间，他对政治产生了浓厚兴趣，并积极参加各种政治活动。1904年从哈佛大学毕业后，又进入哥伦比亚大学法学院学习法律。1910年，他以民主党候选人的身份当选为纽约州参议员，开始了从政生涯。

1912年，罗斯福帮助威尔逊赢得了竞选的成功，他本人也因为出色的政治手段和组织才干在民主党中初露头角，并在1913年被威尔逊总统任命为海军部助理部长，任职7年。1928年，罗斯福竞选成为纽约州州长，第二年，美国爆发了严重的经济危机。罗斯福在纽约州采取了多种措施来救济失业工人和稳定社会秩序，由此在民主党中的威信大增。1933年3月4日，因政绩突出，罗斯福当选为美国第三十二届总统。上任后，他就宣布实施旨在摆脱大萧条的“新政”，在100天的时间里，接连颁布了“紧急银行法”“黄金储备法”“国家工业复兴法”“农业调整法”等15项重要法案，同时采取了一系列改善社会福利的措施，使美国经济摆脱困境。1936年，他再次当选为美国总统。

1937 年，罗斯福在芝加哥发表了著名的“防疫演说”，明确表述了他希望参加反法西斯战争的思想。第二次世界大战爆发初期，虽然美国采取了中立政策，但罗斯福积极备战，并与国会反复争论，废除了关于武器禁运的条款。1940 年 5 月，不列颠战役爆发后，罗斯福在 5 个月的时间内，给英国送去了大量军火，成为英国实际上的盟国。1940 年 11 月 5 日，罗斯福第三次当选为美国总统。此后，他发表了一系列重要讲话，最终摆脱了国内孤立主义的羁绊，使美国投身于世界反法西斯战场，成为世界反法西斯战争的中坚力量。1941 年苏德战争爆发后，美国同苏联签订了租借议定书，给苏联提供了战争物资。同年，罗斯福与丘吉尔联合发表了《大西洋宪章》，奠定了世界反法西斯联盟的基础。1942 年元旦，在华盛顿签署《联合国家宣言》，建立国际反法西斯同盟。

1944 年 10 月，罗斯福打破了美国建国近一百年来的传统，第四次连任美国总统。但此时，他的健康每况愈下，心脏病、高血压疾病经常发作。1945 年 4 月 12 日，他在佐治亚温泉病逝，享年 63 岁。

巴　顿

有一种东西，比才能更罕见，更优美，更珍奇，那就是自知之明。

——巴顿

1885 年 11 月 11 日，巴顿出生在美国加利福尼亚州的一个军人世家。19 岁进入西点军校。巴顿从步入军界起，就把杰克逊的一句名言作为自己的基本格言："不让恐惧左右自己。"他认为这是军人能够勇猛无畏的根本因素。

第一次世界大战爆发后，巴顿提出去法国参战的请求未被批准。这之后他被调往布里斯堡，在潘兴指挥下的第八骑兵团任职。1916 年，他随潘兴冒险到墨西哥干涉农民革命。1919 年，巴顿回国，被派往米德堡坦克训练中心。在那里，他结识了西点军校的同学艾森豪威尔，两人对如何将装甲兵发展成为一支强大的机动兵种见解一致。

1943 年 2 月，艾森豪威尔调巴顿接任第二军军长，并担当恢复美军士气的重任。在巴顿的指挥下，该军在以后的作战中战绩卓著，与英军配合歼灭德意军队 25 万人。巴顿被士兵称为"顶呱呱的鼓气人"。不久，他晋升中将，7 月调任美国第七集团军司令，配合蒙哥马利的英国第八集团军在意大利西西里岛登陆，攻占了巴勒莫等地。

巴顿是第二次世界大战中著名的美国军事统帅。

1944 年 1 月，巴顿前往英国任美国第三集团军司令，到 8

月 4 日，巴顿指挥的部队已经向鲁昂进击，占领了雷恩，抵达富热尔，并像秋风扫落叶一样向瓦恩挺进。他一路不停，8 月底到达缪斯河。至 9 月时，在补给和燃料十分困难的情况下，渡过莫斯里河并攻占南锡。10 月停止进攻一个月。11 月 8 日，再度进攻，不久即进至齐格菲防线。12 月 22 日，他带领三个军向巴斯托尼进攻，与被困的美军伞兵师会合。接着，又经过一个月的进攻，抢先渡过莱茵河，长驱直入德境。此后，德军全面崩溃，不久，美军便与苏军会师。由于巴顿在北非、地中海和欧洲战场屡建战功，威震敌胆，此时他已经是四星上将了。他曾说："赢得战争靠两样东西，那就是胆量与鲜血。"因而又被誉为"血胆将军"。欧洲战争结束后，他因反对肃清纳粹余孽而引起轩然大波，被免去第三集团军司令的职务，到有名无实的十五集团军当司令官，在那里开始了他的战史写作任务。1945 年 12 月 9 日，在预定退休返回美国的前夕，巴顿驱车出外打猎，遇车祸身亡，享年 60 岁。

二战时的美军装甲部队。